HANS G. BAUER · ELISABETH BAUER
CLAUDE TROCHU

Französisch für Sie

Ein moderner Sprachkurs für Erwachsene

BAND 2

MAX HUEBER VERLAG

Hans G. Bauer · Elisabeth Bauer · Claude Trochu
FRANZÖSISCH FÜR SIE · Ein moderner Sprachkurs für Erwachsene
Band 2

Verlagsredaktion: Christiane von Unger
Textillustrationen und Einbandgestaltung: Erich Hölle
Layout: Dieter Rauschmayer
Redaktionelle Gesamtleitung: Roland Schäpers

Quellenangaben zu Texten und Bildern:
15 A und 25 A: Extrait de Pierre Daninos: *Un certain M. Blot*. Librairie Hachette, Editeur, Paris; adapté. 24 A: Extrait de Sacha Guitry: *Si Versailles m'était conté*. Presses pocket/Les Presses de la Cité, Paris; adapté. 16 A und 23 A: d'après *Brèves Nouvelles de France*.
Abb. 1 und 4: Verroust; Abb. 2: Boudot-Lamotte; Abb. 3: Doumic; Abb. 6, 13, 14: Alain Perceval; Abb. 5: Fronval; Abb. 7 und 8: Jean Feuillie; Abb. 9: Marton; Abb. 11: Lucien Viquier; Abb. 12: Simon Win; Abb. 17: Duret; Abb. 18: De Masso; Abb. 19: Brigaud (Nr. D8286). Der Abdruck dieser Bilder erfolgt mit freundlicher Genehmigung des Amtlichen Französischen Verkehrsbüros, Frankfurt/Main. Abb. 10: dpa.

ISBN 3-19-00.3090-1

8 7 6 1982 81 80 79 78
Die jeweils letzten Ziffern bezeichnen Zahl und Jahr des Druckes.
Alle Drucke dieser Auflage können nebeneinander benutzt werden.
Filmsatz: Oscar Brandstetter Druckerei KG, Wiesbaden
Druck: Richterdruck, Würzburg
Printed in Germany

INHALTSVERZEICHNIS

AUFBAU DES LEHRWERKS

FRANZÖSISCH FÜR SIE 1 — Hueber-Nr. 3089
Arbeitsbuch 1 — Hueber-Nr. 9.3089
3 Schallplatten (Lektionstexte) — Hueber-Nr. 3.3089
1 Tonband (Lektionstexte) — Hueber-Nr. 4.3089
1 Tonband (Lektionstexte mit Nachsprechpausen) — Hueber-Nr. 5.3089
1 Compact-Cassette * (Lektionstexte mit Nachsprechpausen) — Hueber-Nr. 12.3089
Sprechübungen 1 (8 Tonbänder, Sprachlaborfassung des Übungsteils des Lehrbuchs) — Hueber-Nr. 6.3089
Sprechübungen 1 (6 Compact-Cassetten)* — Hueber-Nr. 13.3089

FRANZÖSISCH FÜR SIE 2 — Hueber-Nr. 3090
Arbeitsbuch 2 — Hueber-Nr. 6.3090
3 Schallplatten (Lektionstexte) — Hueber-Nr. 3.3090
1 Tonband (Lektionstexte mit Nachsprechpausen) — Hueber-Nr. 4.3090
1 Compact-Cassette * — Hueber-Nr. 12.3090
Sprechübungen 2 (3 Tonbänder) — Hueber-Nr. 5.3090
Sprechübungen 2 (4 Compact-Cassetten)* — Hueber-Nr. 13.3090

FRANZÖSISCH FÜR SIE 3 — Hueber-Nr. 3091
Arbeitsbuch 3 — Hueber-Nr. 6.3091
3 Schallplatten (Lektionstexte) — Hueber-Nr. 3.3091
Sprechübungen 3 (2 Tonbänder) — Hueber-Nr. 5.3091
Sprechübungen 3 (2 Compact-Cassetten)* — Hueber-Nr. 13.3091

Ergänzend zu den Bänden 1 bis 3

FRANZÖSISCHER MINDESTWORTSCHATZ — Hueber-Nr. 3099
FRANZÖSISCH-DEUTSCHES LERNWÖRTERBUCH — Hueber-Nr. 3112

---

* Die Compact-Cassetten sind inhaltsgleich mit den entsprechenden Tonbändern und können auf allen Cassetten-Recordern abgespielt werden.

VORWORT

Französisch für Sie Band 2 ist ein in sich abgeschlossenes Lehrbuch für Fortgeschrittene, die Band 1 durchgearbeitet haben oder über gleichwertige Kenntnisse verfügen.

Wie schon im 1. Band, stimmen auch im vorliegenden 2. Band Grammatik und Wortschatz voll mit den vom Deutschen Volkshochschul-Verband ausgearbeiteten Stoffplänen überein.

Aufgabe dieses 2. Bandes ist es nicht nur, neuen Lernstoff im Rahmen dieser Stoffpläne zu vermitteln, sondern auch gleichzeitig die in Band 1 erarbeiteten Kenntnisse zu vertiefen und nach dem Prinzip konzentrischer Kreise zu erweitern. In diesem Sinne wird die von Band 1 her beherrschte Elementargrammatik durch weitere wichtige Strukturen ergänzt und der Wortschatz von 850 auf 1600 Begriffe erweitert.

Die Vermittlung komplexerer Kenntnisse bedarf erfahrungsgemäß in mancher Hinsicht einer intensiveren Darstellung und Übung. Deshalb enthält dieser 2. Band insgesamt nur 27 Kurzlektionen. Dem Lehrer wird es dadurch zeitlich möglich, bei der Darbietung neuen Lernstoffs rückblendend auf gleichartige oder ähnliche Probleme der Sprache einzugehen, die bereits im 1. Band behandelt wurden. Darüberhinaus kann er dem Wunsch der Schüler nach vertiefender und wiederholender Übung nachkommen. Die Lektionen 9, 18 und 27 sind wieder als Testlektionen angelegt, bringen also keinen neuen Lernstoff. Sie dienen vielmehr der Leistungskontrolle sowie der Einstufung neu hinzukommender Kursteilnehmer.

Der 4-Seiten-Rhythmus wurde beibehalten, also eine Seite Lektionstext, eine Seite Grammatik, zwei Seiten Übungen. Auch diese Übungen eignen sich wieder zur Verwendung im Klassenunterricht ohne jede technische Hilfsmittel und auch im voll ausgebauten Sprachlabor.

Bei der Gestaltung des Kurses kamen den Verfassern die von den Expertengremien des Deutschen Volkshochschul-Verbandes geleisteten umfangreichen Vorarbeiten zugute. Auf den Fachtagungen der VHS-Landesverbände konnten wertvolle Anregungen gesammelt werden.

Verfasser und Verlag

1 A Voilà bien les hommes

Parfois Madame Jolivet s'amusait à raconter cette histoire:
« Autrefois nous faisions souvent des excursions en voiture. Nous allions déjeuner sur l'herbe. Nous choisissions des coins tranquilles, près d'une rivière si c'était possible. C'est pourquoi nous prenions des petites routes. Là seulement mon mari me laissait prendre le volant.
Lui, il s'asseyait derrière pour ne pas voir ce que je faisais. Mais régulièrement il finissait par s'endormir. Un jour, en haut d'une côte, j'ai vu tout à coup, en travers de la route, un énorme camion qui brûlait. Les roues étaient en l'air. Des hommes essayaient d'éteindre le feu.
J'ai freiné à mort et j'ai réussi à m'arrêter à quelques centimètres du poids lourd.
Mon mari se réveille, jette un coup d'œil sur le camion et crie:
– Mais enfin, ma chérie, c'est terrible. Comment as-tu pu faire une chose pareille?»

1. Das imparfait

Autrefois je m'amus**ais.**	[ɛ]	Autrefois je réussiss**ais.**
tu t'amus**ais.**	[ɛ]	tu réussiss**ais.**
il s'amus**ait.**	[ɛ]	il réussiss**ait.**
ils s'amus**aient.**	[ɛ]	ils réussiss**aient.**
nous nous amus**ions.**	[jõ]	nous réussiss**ions.**
vous vous amus**iez.**	[je]	vous réussiss**iez.**

J'av**ais**	peur quand	j'**étais**	seul.
Tu av**ais**	peur quand	tu **étais**	seul.
Il av**ait**	peur quand	il **était**	seul.
Ils av**aient**	peur quand	ils **étaient**	seuls.
Nous av**ions**	peur quand	nous **étions**	seuls.
Vous av**iez**	peur quand	vous **étiez**	seuls.

Ableitung: Man ersetzt die Endung *-ons* der 1. Pers. Mehrzahl Gegenwart durch die jeweilige Endung des imparfait (Ausnahme: *être*).

Besonderheiten der Schreibung

je commen*ç*ais	ils man*ge*aient	Durch *ç* und *ge* bleibt die Aussprache [s] und [ʒ] vor *-ons*, *-ais*, *-ait*, *-aient* erhalten.
nous commen*c*ions	vous man*g*iez	
vgl. nous commen*ç*ons	nous man*ge*ons	

2. s'asseoir

Je ne **m'assieds** pas parce que tu ne **t'assieds** pas.		**Assieds-toi.**
Nous **nous asseyons** si vous	**vous asseyez.**	**Asseyez-vous.**
Il ne **s'assied** pas.	Elles **s'asseyent.**	Il est **assis.**

3. éteindre

J'**éteins**	tes cigarettes.	Tu ne les **éteins**	jamais.
Nous **éteignons**	le feu	si vous ne l'**éteignez**	pas.
René **éteint**	les lampes que les autres n'**éteignent** pas.		

Vous avez **éteint** le feu? **Eteins** ta cigarette. **Eteignez** le feu.

1 C

1.

Il était journaliste. – C'était un journaliste.

a. Elle était secrétaire. **b.** Il était représentant de commerce. **c.** Il était célibataire. **d.** Il était professeur. **e.** Il était employé. **f.** Il était homme d'affaires. **g.** Il était Français.

2.

Je ne m'amuse plus. – Je m'amusais quand j'étais célibataire.

a. Je ne sors plus. **b.** Je ne me promène plus. **c.** Je ne joue plus aux cartes. **d.** Je ne suis plus content. **e.** Je n'ai plus le temps. **f.** Je n'ai plus d'argent. **g.** Je ne suis plus égoïste.

3.

Il semblait dormir. – Mais il ne dormait pas.

a. Il semblait travailler. **b.** Il semblait s'amuser. **c.** Il semblait comprendre. **d.** Il semblait avoir peur. **e.** Il semblait réussir. **f.** Il semblait écouter. **g.** Il semblait s'ennuyer.

4.

Ils ne jouent pas. – Pendant les vacances ils ne jouaient pas non plus.

a. Ils ne s'amusent pas. **b.** Ils ne se promènent pas. **c.** Ils ne mangent pas. **d.** Ils ne parlent pas. **e.** Ils ne se lèvent pas. **f.** Ils ne travaillent pas. **g.** Ils ne viennent pas. **h.** Ils ne sortent pas.

5.

Maintenant il n'en parle plus. – Autrefois il en parlait tout le temps.

a. Maintenant il ne travaille plus. **b.** Maintenant il ne dort plus. **c.** Maintenant il ne joue plus. **d.** Maintenant il ne mange plus. **e.** Maintenant il ne s'ennuie plus. **f.** Maintenant il n'y pense plus. **g.** Maintenant il n'en prend plus.

6.

Les enfants ne s'amusaient pas. – Et nous ne nous amusions pas non plus.

a. Les enfants n'étaient pas contents. **b.** Les enfants ne savaient pas. **c.** Les enfants n'aimaient pas sortir. **d.** Les enfants ne voulaient pas y aller. **e.** Les enfants n'avaient pas faim. **f.** Les enfants n'y allaient pas. **g.** Les enfants ne s'asseyaient pas.

7.

Je ne le voulais pas. – Qu'est-ce que vous vouliez alors?

a. Je ne le savais pas. **b.** Je ne pouvais pas le faire. **c.** Je ne l'avais pas. **d.** Je n'aimais pas ça. **e.** Je ne le regardais pas. **f.** Je ne le disais pas. **g.** Je ne le faisais pas. **h.** Je ne devais pas le faire.

8.

On demande à Jean de s'asseoir. – Mais il ne s'assied pas.

a. On demande à Juliette de s'asseoir. **b.** On demande à Jean et à Robert de s'asseoir. **c.** On nous demande de nous asseoir. **d.** On te demande de t'asseoir. **e.** On vous demande de vous asseoir. **f.** On me demande de m'asseoir. **g.** On demande à Gisèle et à Juliette de s'asseoir.

9.

René et Marianne regardent des vieilles photos. *René:* Voilà papa qui visite le Marché aux Puces. *Marianne:* Il visitait souvent le Marché aux Puces.

a. Là, il monte sur la tour Eiffel. **b.** Là, il prend un apéritif. **c.** Voilà toute la famille, on déjeune sur l'herbe. **d.** Là, on joue aux cartes. **e.** Voilà tante Henriette qui part en vacances. **f.** Elle va sur la côte. **g.** C'est Marcel qui fait des crêpes. **h.** Et là, il met la table.

10.

a. Früher machten wir oft Ausflüge. **b.** Wir aßen im Freien zu Mittag. **c.** Wir wählten immer einen Platz in der Nähe eines Flusses. **d.** Wir vergnügten uns im Fluß oder wir setzten uns ins Gras und spielten Karten.

2 A La pipe à papa

«Mais c'est la pipe à papa!
Oui, je la reconnais. Je l'ai offerte à mon mari l'année dernière pour la Fête des Pères. Ces lunettes aussi sont à lui.»

Lunettes et pipe se trouvaient sur une table du commissariat de police où Madame Deschamps était venue signaler la disparition de son mari, Hugues, un laveur de vitres de trente et un ans.
« Mon mari n'est pas rentré hier soir. Il a peut-être essayé de mettre fin à ses jours. Il a déjà essayé de se tuer deux fois. »
La même nuit, notent les policiers, un cambriolage avait eu lieu dans les caves de la société Collot. Le voleur avait goûté à tant et tant de vins, il avait bu tant d'alcools et de liqueurs qu'il a perdu sa pipe dans les caves et ses lunettes dans la cour. . .
M. Deschamps: « La veille, j'avais perdu ma paie aux courses. Je n'ai pas osé rentrer chez moi. Je passais devant les établissements Collot, quand l'idée m'est venue de boire un coup. »
Le tribunal lui a infligé quinze mois de prison.

1. Imparfait und passé composé

a) Imparfait

Parfois Mme Jolivet **s'amusait** à raconter cette histoire: Autrefois nous **faisions** souvent des excursions. Nous **allions** déjeuner sur l'herbe.	Gewohnheit häufig wiederkehrender Vorgang
Lunettes et pipe se **trouvaient** sur une table. Des hommes **essayaient** d'éteindre le feu.	Zustandsbeschreibung Schilderung

b) Passé composé

Mon mari n'**est** pas **rentré** hier soir.	einmalige Handlung
Il **a** déjà **essayé** de se tuer deux fois.	wiederholte, aber begrenzte Handlung
J'**ai vu** un camion. J'**ai freiné** à mort et j'**ai réussi** à m'arrêter.	aufeinanderfolgende Handlungen

c) Passé composé : imparfait

Tout à coup j'**ai vu** un énorme camion	Haupthandlung
qui **brûlait**.	Handlungshintergrund

2. Plus-que-parfait (Vorvergangenheit) (»hatte verloren, war gekommen«)

Je n'ai pas osé rentrer parce que j'**avais perdu** ma paie aux courses.	vorzeitig zum passé composé
Lunettes et pipe se trouvaient sur une table du commissariat où Mme D. **était venue** . . .	vorzeitig zum imparfait

3. boire

J'en **bois** régulièrement.	Tu n'en **bois** pas?
Nous en **buvons** régulièrement.	Vous n'en **buvez** pas?
Il **boit**	ce que **boivent** les autres.

Il a trop **bu**. **Bois-en.** **Buvez-en.**

1.

Allez chercher le client qui attend devant la porte. – Qui a vu le client qui attendait devant la porte?

a. Allez chercher les enfants qui jouent dans la cour. **b.** Allez chercher le dossier qui se trouve sur la table. **c.** Allez chercher la jeune fille qui est assise près de la fenêtre. **d.** Allez chercher les bouteilles qui sont dans la cave. **e.** Allez chercher la dame qui veut parler à M. le directeur. **f.** Allez chercher le jeune homme qui se sent mal. **g.** Allez chercher les messieurs qui veulent goûter aux vins.

2.

Pierre travaille toujours. – Il ne travaillait pas quand je suis entré.

a. Monique parle toujours. **b.** Georges mange toujours. **c.** Il dort toujours. **d.** Il regarde toujours la télévision. **e.** La secrétaire téléphone toujours. **f.** Jean est toujours au lit. **g.** Tes amis jouent toujours aux cartes. **h.** Madeleine s'ennuie toujours.

3.

Elle n'achetait plus de pain. – Elle en avait déjà trop acheté.

a. Elle ne prenait plus de cognac. **b.** Elle ne mangeait plus de gâteau. **c.** Elle n'envoyait plus de lettres. **d.** Elle n'apportait plus de fruits. **e.** Elle n'achetait plus de chapeaux. **f.** Elle ne mettait plus de parfum. **g.** Elle ne dépensait plus d'argent. **h.** Elle ne visitait plus de musées. **i.** Elle ne demandait plus de renseignements.

4.

Il voulait acheter la maison. – Mais nous l'avions déjà achetée.

a. Il voulait fermer la porte. **b.** Il voulait faire les lits. **c.** Il voulait manger le gâteau. **d.** Il voulait laver la voiture. **e.** Il voulait inviter Nicole. **f.** Il voulait mettre la table. **g.** Il voulait ouvrir le paquet. **h.** Il voulait remplir les verres.

5.

Hier il a perdu encore une fois. – Il avait déjà perdu la veille.

a. Hier nous avons gagné encore une fois. **b.** Hier ils ont payé encore une fois. **c.** Hier vous avez téléphoné encore une fois. **d.** Hier elle m'a giflé encore une fois. **e.** Hier tu as bu encore une fois. **f.** Hier il m'a demandé encore une fois. **g.** Hier il est sorti encore une fois.

6.

Il ne faut pas travailler pendant que je dors. – Je ne travaillais pas pendant que vous dormiez.

a. Il ne faut pas parler pendant que je travaille. **b.** Il ne faut pas parler pendant que je téléphone. **c.** Il ne faut pas jouer pendant que j'écoute la radio. **d.** Il ne faut pas dormir pendant que je fais des exercices. **e.** Il ne faut pas regarder la télévision pendant que je montre des photos.

7.

Jean a trop bu. – Maintenant il ne boit plus.

a. Vous avez trop bu. **b.** Tu as trop bu. **c.** Nous avons trop bu. **d.** J'ai trop bu. **e.** Ils ont trop bu. **f.** Elle a trop bu. **g.** Elles ont trop bu.

8.

J'ai donné cette pipe à mon mari. – Elle est à lui.

a. J'ai donné ce porte-monnaie à Gisèle. **b.** J'ai donné cette voiture à mes fils. **c.** J'ai donné cette maison à mes filles. **d.** Il nous a donné cette maison. **e.** Il m'a donné ce livre. **f.** Il t'a donné ce porte-monnaie. **g.** Il vous a donné cette voiture.

9.

a. Herr Deschamps hat nicht gewagt, nach Hause zurückzukehren, weil er seinen Lohn beim Rennen verloren hatte. **b.** Er ging bei der Firma Collot vorbei, als ihm der Gedanke kam, einen zu heben. **c.** Er hat seine Pfeife und seine Brille verloren, weil er zu viel Wein getrunken hatte.

3 A Comment devenir centenaire

Le speaker: Voilà notre émission pour les moins jeunes. Aujourd'hui nous avons rendu visite à Madame Laurent. Elle fête son centième anniversaire. Est-ce que le micro vous gêne, Madame?

Madame L.: Non, pas du tout.

Le speaker: Votre appartement est très coquet. Vous vivez seule. Y a-t-il quelqu'un qui s'occupe de vous?

Madame L.: Non, il n'y a personne qui s'occupe de moi.

Le speaker: Vous avez cent ans, Madame. Qu'avez-vous fait pour garder une telle santé?

Madame L.: Oh, rien de spécial.

Le speaker: Avez-vous vu quelquefois le docteur?

Madame L.: Non, je n'ai jamais vu le docteur.

Le speaker: Est-ce que vous avez fait de la natation ou du ski?

Madame L.: Non, je n'ai fait ni natation ni ski.

Le speaker: Qu'avez-vous donc fait pour garder la ligne?

Madame L.: Je n'ai rien fait.

Le speaker: Mais vous faites encore des promenades, n'est-ce pas?

Madame L.: Non, je ne fais plus de promenades.

Le speaker: Eh bien, Madame, ne pourriez-vous nous révéler vos secrets? Qu'avez-vous donc fait pour devenir centenaire?

Madame L.: J'ai toujours bu de l'apéritif, du banyuls.

Le speaker: Pourquoi justement celui-ci?

Madame L.: Parce que c'est cette marque-là qui m'a fait la meilleure offre.

1. Umstandswörter der Verneinung

a)

Le micro	**ne** me gêne	**pas**.	nicht
Le micro	**ne** me gêne	**pas du tout**.	überhaupt nicht
Elle	**ne** fait	**rien**.	nichts
Elle	**ne** fait	**rien du tout**.	überhaupt nichts
Je	**ne** travaille	**plus**.	nicht mehr
Je	**n'** ai	**jamais** travaillé.	nie
Je	**ne** bois	**que** du banyuls.	nur
Il	**n'** est	**que** dix heures.	erst
Je	**ne** vois	**personne**.	niemanden
Je	**ne** fais	**ni** natation **ni** ski.	weder . . . noch
Je	**ne** sors	**pas non plus**.	auch nicht

Vgl.: Je **n'**ai **rien** vu. Je **n'**ai vu **personne**.

b)

Personne ne s'occupe de moi. **Rien ne** va plus.	Am Satzanfang als Satzgegenstand

2. Das hinweisende Fürwort

Betont beim Hauptwort		Alleinstehend	
Je prends	ce vin-là(ci)	et pas	celui-ci(là).
	cette robe-là(ci)		celle-ci(là).
	ces livres-là(ci)		ceux-ci(là).
	ces robes-là(ci)		celles-ci(là).

3. vivre

Je	**vis**	à Paris.	Tu	**vis**	seul?
Nous	**vivons**	à Paris.	Vous	**vivez**	seul(es)?
Ils	**vivent**	à Paris.	Il	**vit**	avec sa mère.

J'ai toujours **vécu** seul.

1.

Qui est-ce que vous cherchez? – Je ne cherche personne.

a. Qui est-ce que vous voyez? **b.** Qui est-ce que vous regardez? **c.** Qui est-ce que vous invitez? **d.** Qui est-ce que vous attendez? **e.** Qui est-ce que vous emmenez? **f.** Avec qui est-ce que vous vous promenez? **g.** Qui est-ce que vous aimez?

2.

Vous avez trouvé quelqu'un? – Non, nous n'avons trouvé personne.

a. Vous avez parlé à quelqu'un? **b.** Vous avez téléphoné à quelqu'un? **c.** Vous avez gêné quelqu'un? **d.** Vous avez rendu visite à quelqu'un? **e.** Vous avez appelé quelqu'un? **f.** Vous avez demandé quelqu'un? **g.** Vous avez manqué quelqu'un? **h.** Vous avez entendu quelqu'un?

3.

Qu'est-ce que vous regrettez? – Je ne regrette rien.

a. Qu'est-ce que vous cherchez? **b.** Qu'est-ce que vous dites? **c.** Qu'est-ce que vous attendez? **d.** Qu'est-ce que vous achetez? **e.** Qu'est-ce que vous prenez? **f.** Qu'est-ce que vous savez? **g.** Qu'est-ce que vous faites? **h.** Qu'est-ce que vous buvez?

4.

Vous en avez trouvé encore? – Non, je n'ai plus rien trouvé. Il en veut encore? – Non, il ne veut plus rien.

a. Vous en avez pris encore? **b.** Elle en a vendu encore? **c.** Tu en achètes encore? **d.** Vous en avez mangé encore? **e.** Tu en as encore? **f.** Tu en as bu encore?

5.

Ne prenez pas ce chapeau-là. – Prenez celui-ci.

a. Ne mettez pas cette robe-là. **b.** N'achetez pas cette voiture-là. **c.** Ne buvez pas ce vin-là. **d.** Ne réservez pas cette place-là. **e.** Ne mangez pas dans ce restaurant-là.

6.

N'achetez pas ces cigarettes-là. – Celles-ci sont bien meilleures.

a. N'achetez pas ces chaussures-là. **b.** Ne prenez pas ces verres-là. **c.** Ne mangez pas ces fruits-là. **d.** Ne prenez pas ces oranges-là. **e.** N'achetez pas ces journaux-là. **f.** Ne réservez pas ces places-là.

7.

Si vous n'avez pas de vin, donnez-moi de la bière. – Je n'ai ni vin ni bière.

a. Si vous n'avez pas de cognac, donnez-moi du whisky. **b.** Si vous n'avez pas de gâteau, donnez-moi du pain. **c.** Si vous n'avez pas de café, donnez-moi du thé. **d.** Si vous n'avez pas de limonade, donnez-moi de l'eau minérale. **e.** Si vous n'avez pas de fromage, donnez-moi des fruits. **f.** Si vous n'avez pas de journal, donnez-moi un livre.

8.

Vous aimez le vin ou la bière? – Je n'aime ni le vin ni la bière.

a. Vous prenez l'autobus ou le métro? **b.** Vous aimez le thé ou le café? **c.** Vous aimez le théâtre ou le cinéma? **d.** Vous avez la télévision ou la radio? **e.** Vous allez payer le restaurant et le taxi? **f.** Vous lui donnez votre adresse et votre numéro de téléphone?

9.

Elle vit seule. – Elle a toujours vécu seule.

a. Il vit seul. **b.** Elles vivent seules. **c.** Tu vis seul. **d.** Ils vivent seuls. **e.** Vous vivez seuls. **f.** Nous vivons seuls. **g.** Je vis seul.

10.

a. Frau Laurent ist hundert Jahre alt. **b.** Sie lebt allein. **c.** Niemand kümmert sich um sie. **d.** Sie hat nie den Arzt aufgesucht.

4 A L'horoscope de Monsieur Lebrun

L'autre jour j'ai eu un horoscope assez favorable. Le voilà :

Poissons nés du 20-II au 20-III

Vous ne ferez rien d'extraordinaire et il ne vous arrivera rien de vraiment inattendu, mais ces journées seront utiles à vos projets. Vous aurez de la chance. Le hasard vous aidera. Vous saurez agir avec diplomatie et, grâce à votre charme, vous obtiendrez beaucoup. Vous réussirez dans vos entreprises les plus audacieuses. Vous serez de bonne humeur et vous n'en demanderez pas davantage.

J'ai quitté mon appartement comme tous les jours. Rien d'extraordinaire. Je suis entré dans l'ascenseur. J'y ai rencontré une belle jeune fille, ce qui n'a rien de vraiment inattendu. Comment m'adresser à elle? Tout à coup l'ascenseur est tombé en panne entre deux étages. Le hasard m'a aidé. J'ai agi avec diplomatie et, grâce à mon charme, j'ai obtenu beaucoup. J'ai réussi dans mes entreprises les plus audacieuses. Nous n'avons pas oublié d'échanger nos adresses.

Quelques heures plus tard, quand j'ai voulu chercher son adresse dans mon portefeuille, j'ai remarqué qu'il avait disparu. Je n'en ai vraiment pas demandé davantage.

A l'avenir je compterai moins sur mon horoscope. De toute façon j'achèterai un autre journal.

1. Die einfache Zukunft

a) Zeitwörter auf -ir und -re

finir	descendre
Je sortir**ai** bientôt.	Tu m'attendr**as**?
Nous choisir**ons** les vins.	Vous en prendr**ez** aussi?
Il rempli**ra** les verres.	Les autres boir**ont**.

Die Endungen werden an die Grundform angehängt. Bei den Zeitwörtern auf *-re* entfällt das *e*. Die Endungen der einfachen Zukunft entsprechen den Formen von *avoir* in der Gegenwart.

b) Zeitwörter auf -er

monter [mõte]	acheter [aʃte]	appeler [aple]
je monte [mõt]	j'achète [aʃɛt]	j'appelle [apɛl]
il monter**a** [mõtra]	nous achèter**ons** [aʃɛtrõ]	ils appeller**ont** [apɛlrõ]

Ableitung ebenfalls von der Grundform. Aussprache wie Gegenwart, Einzahl + [re], [ra], [rõ]. Schreibung: *e* im Stamm > *è*; *jeter* > *il* **jettera**, *employer* > *il* **emploiera**, entsprechend der Aussprache.

c) Ausnahmen bei bisher durchgenommenen unregelmäßigen Zeitwörtern

avoir	Vous **aurez**	être	Vous **serez**
aller	Vous **irez**	faire	Vous **ferez**
savoir	Vous **saurez**	pouvoir	Vous **pourrez**
venir	Vous **viendrez**	tenir	Vous **tiendrez**
voir	Vous **verrez**	envoyer	Vous **enverrez**
vouloir	Vous **voudrez**	devoir	Vous **devrez**
il faut	il **faudra**	s'asseoir	Vous vous **assiérez**

2. Einfache Zukunft : zusammengesetzte Zukunft

Vous allez payer. Vous payerez.	Die beiden Formen sind weitgehend austauschbar, aber *vous allez payer* ist eindringlicher: Sie werden auf jeden Fall zahlen.

1.

Il ne veut pas le dire. – Mais moi, je le dirai.

a. Il ne veut pas le prendre. **b.** Il ne veut pas en boire. **c.** Il ne veut pas l'écouter. **d.** Il ne veut pas lui téléphoner. **e.** Il ne veut pas sortir. **f.** Il ne veut pas partir. **g.** Il ne veut pas attendre.

2.

Est-ce que vous sortez? – Quand je sortirai je le dirai.

a. Est-ce que vous partez? **b.** Est-ce que vous retournez là-bas? **c.** Est-ce que vous avez faim? **d.** Est-ce que vous avez soif? **e.** Est-ce que vous vous arrêtez? **f.** Est-ce que vous vous promenez? **g.** Est-ce que vous avez besoin de quelque chose? **h.** Est-ce que vous entendez quelque chose?

3.

Tante Henriette va venir. – Est-ce qu'elle a dit quand elle viendra?

a. Le client va payer. **b.** Elle va téléphoner. **c.** Ils vont quitter Paris. **d.** Elle va arriver. **e.** Ils vont rentrer. **f.** Ils vont partir pour la France. **g.** Elle va parler au directeur. **h.** Ils vont descendre à l'hôtel.

4.

Je l'ai invité. – Mais je ne l'inviterai plus.

a. Je lui ai téléphoné. **b.** On nous a trompés. **c.** Ils vous ont aidés. **d.** Je l'ai employé. **e.** Elle m'a giflé. **f.** Je les ai emmenés. **g.** Il vous a appelé. **h.** Je lui ai parlé.

5.

Je n'ai pas encore vu Jean. – Mais je le verrai la semaine prochaine. Je n'ai pas encore envoyé le paquet. – Mais je l'enverrai la semaine prochaine.

a. Nous n'avons pas encore vu le docteur. **b.** Nous n'avons pas encore envoyé le paquet. **c.** Tu n'as pas encore vu Jean. **d.** Tu n'as pas encore envoyé le paquet. **e.** Vous n'avez pas encore vu Jean. **f.** Vous n'avez pas encore envoyé le paquet. **g.** Il n'a pas encore vu Jean. **h.** Il n'a pas encore envoyé le paquet.

6.

Il enverra une carte quand il ira à Cannes.

a. Elle enverra une carte... **b.** Ils enverront une carte... **c.** Tu enverras une carte... **d.** Vous enverrez une carte... **e.** J'enverrai une carte... **f.** Nous enverrons une carte...

7.

Il fera du ski quand il sera à la montagne.

a. Elle fera du ski... **b.** Ils feront du ski... **c.** Tu feras du ski... **d.** Vous ferez du ski... **e.** Je ferai du ski... **f.** Nous ferons du ski...

8.

Est-ce que vous faites une excursion? – Quand nous aurons le temps, nous ferons une excursion.

a. Est-ce que vous allez au théâtre? **b.** Est-ce que vous allez en vacances? **c.** Est-ce que vous vous promenez? **d.** Est-ce que vous partez? **e.** Est-ce que vous prenez un apéritif? **f.** Est-ce que vous jouez aux cartes? **g.** Est-ce que vous faites les chambres? **h.** Est-ce que vous invitez des amis?

9.

Quand il aura la lettre, il saura.

a. Quand elle aura la lettre... **b.** Quand ils auront la lettre... **c.** Quand tu auras la lettre... **d.** Quand vous aurez la lettre... **e.** Quand j'aurai la lettre... **f.** Quand nous aurons la lettre...

10.

a. Ihr Horoskop für Mittwoch, den 15. Oktober: Der Tag wird günstig sein für Ihre Pläne. **b.** Sie werden Glück haben. **c.** Der Zufall wird Ihnen helfen. **d.** Sie werden viel arbeiten und Sie werden guter Laune sein.

5 A Les dangers du jeu

Le père Mathieu a joué aux courses. Il a gagné un million! Toute sa famille fait déjà des projets: Sa fille et son gendre veulent se faire construire une maison. Son frère et sa belle-sœur, ses neveux et ses nièces voudraient lui emprunter autant d'argent que possible. « S'il nous prête cent mille francs, nous achèterons une épicerie. » Quant aux petits-enfants, tout ce qu'ils souhaitent ce sont des vélomoteurs. « Mais si grand-père est millionnaire, nous n'irons plus à l'école! »

Le grand-père, lui, ne sait encore rien de sa chance. Il a le cœur fragile. Si on lui dit brusquement qu'il a gagné, sans le préparer, il va peut-être tomber mort. On décide d'aller chercher le vieux médecin de famille. Le docteur s'y prend le plus doucement possible:

– Vous jouez toujours aux courses, n'est-ce pas? Que feriez-vous si vous gagniez disons... dix mille francs?

– Oh, pour dix mille francs on pourrait faire installer le chauffage central, réparer la maison.

– Maintenant je plaisante, si vous gagniez cent mille francs?

– Si j'avais cent mille francs, j'enverrais mes petits-enfants au collège, ma fille et mon gendre pourraient avoir une voiture...

– Parfait! Et pourriez-vous me dire ce que vous feriez avec un million?

– Quelle drôle d'idée! Vous savez, docteur, si je gagnais un million, et je ne plaisante pas là-dessus, je vous en donnerais la moitié.

C'est le docteur qui a perdu connaissance.

1. Ableitung

Si je gagnais un million,	je vous	en donner**ais**	la moitié.
	tu	en aur**ais**	la moitié.
	on	pourr**ait**	faire un voyage.
	ils	pourr**aient**	avoir une voiture.
	nous	fer**ions**	un voyage.
	vous	achèter**iez**	une maison.

Bildung aus dem Stamm der einfachen Zukunft + imparfait-Endungen.

2. Bedingungssätze

Si j'**avais** cent mille francs, (Je n'ai pas cent mille francs) Nicht erfüllbare Bedingung	j'**enverrais** mes petits-enfants au collège.
Si par hasard je **gagnais** un million, Voraussetzung, die eintreten könnte si-Satz: *imparfait*	je vous en **donnerais** la moitié. Hauptsatz: *Bedingungsform*
Si grand-père **est** millionnaire, S'il **a gagné** un million, Das ist ziemlich wahrscheinlich si-Satz: *Gegenwart* oder *passé composé*	nous n'**irons** plus à l'école. il **est** millionnaire. Hauptsatz: sinngemäß *Zukunft*, *Gegenwart* oder *passé composé*

Nach *si* = *wenn* steht **nie** die Zukunft!

3. Bedingungsform außerhalb des Bedingungssatzes

Que **feriez**-vous avec un million (= si vous aviez un million)?	Nähere Bestimmungen mit *avec*, *sans*, *pour* können einen si-Satz ersetzen.
Ils **voudraient** lui emprunter autant d'argent que possible. **Pourriez**-vous me dire ...?	Vorsichtige Aussage Höfliche Anfrage

1.

Elle ne sortira pas avec moi. – Mais elle sortirait peut-être avec toi.

a. Elle ne travaillera pas pour moi. **b.** Elle ne se promènera pas avec moi. **c.** Elle ne partira pas avec moi. **d.** Elle ne dînera pas avec moi. **e.** Elle n'ira pas avec moi. **f.** Elle ne s'amusera pas avec moi. **g.** Elle ne paiera pas pour moi.

2.

Tu ne veux pas sortir? – Je sortirais avec plaisir.

a. Tu ne veux pas partir? **b.** Tu ne veux pas te promener? **c.** Tu ne veux pas venir? **d.** Tu ne veux pas descendre? **e.** Tu ne veux pas en boire? **f.** Tu ne veux pas en prendre? **g.** Tu ne veux pas rentrer? **h.** Tu ne veux pas l'acheter?

3.

Elle dort. Elle ne travaille pas. – Elle devrait travailler et pas dormir.

a. Il dort. Il ne travaille pas. **b.** Ils dorment. Ils ne travaillent pas. **c.** Je dors. Je ne travaille pas. **d.** Nous dormons. Nous ne travaillons pas. **e.** Tu dors. Tu ne travailles pas. **f.** Vous dormez. Vous ne travaillez pas.

4.

Voilà M. Lebrun. Il pourra nous prêter 5 francs. – Pardon, Monsieur, pourriez-vous nous prêter 5 francs?

a. Voilà M. Dupont. Il pourra nous aider. **b.** Voilà Juliette. Elle pourra nous donner l'adresse. **c.** Voilà Mlle Laurent. Elle pourra nous réserver une place. **d.** Voilà Mme Vernier. Elle pourra nous appeler un taxi. **e.** Voilà M. Dubois. Il pourra nous emmener dans sa voiture. **f.** Voilà Mme Roussel. Elle pourra nous apporter un café.

Französisch für Sie - Lernen mit System

Sie beginnen bereits mit dem 2. Band von »Französisch für Sie«. Das heißt, Sie haben schon eine Menge gelernt. Wir möchten Ihnen helfen, Ihre bereits erworbenen Sprachkenntnisse zu vertiefen und zu aktivieren und empfehlen Ihnen deshalb auf den nächsten Seiten:

1. **Wichtige Unterrichtshilfen**
2. **Ergänzendes Übungsmaterial**
3. **Weitere Bestandteile unseres Lehrsystems**

Der Erfolg: Mehr Sicherheit in der Sprache. Besser verstehen, sprechen, lesen und schreiben.

1. Wichtige Unterrichtshilfen

Interessante Übungen und Lösungsschlüssel zu jeder Lektion. Wichtig zur *Vertiefung* des Unterrichtsstoffes.

Arbeitsbuch 2
140 Seiten, kart., DM 8,80
Hueber-Nr. 6.3090

Sämtliche Lektionstexte (A-Teile) Ihres Lehrbuchs, zur Schulung des *Hörverstehens* und der *Aussprache*

3 Schallplatten
17 cm ⌀, 33 UpM, Laufzeit 34 Min., DM 18,– UPr
Hueber-Nr. 3.3090
oder:
1 Compact-Cassette
mit Nachsprechpausen, beide Halbspuren bespielt, Laufzeit 68 Min., DM 28,– UPr
Hueber-Nr. 12.3090

2. Ergänzendes Übungsmaterial

Systematische Übersicht über die *grammatikalischen Strukturen* von Französisch für Sie 1–3

Französische Mindestgrammatik
196 Seiten, kart., DM 14,–
Hueber-Nr. 3120

Wiederholung bekannter Strukturen. Enthält in alphabetischer Reihenfolge alle Wörter, die in Französisch für Sie 1–3 verwendet werden

Französisch-deutsches Lernwörterbuch
120 Seiten, kart., DM 6,50
Hueber-Nr. 3112

Leicht verständliche *landeskundliche Lesetexte*, auch einsetzbar als Diskussionsbasis im Unterricht

Aspects de la France actuelle, Heft 2
48 Seiten, geh., DM 5,–
Hueber-Nr. 15.3090

Bitte fordern Sie Ihr Lernmaterial mit dieser Bestellkarte an!

3. Weitere wichtige Bestandteile des Lehrsystems

Die *Übungen des Lehrbuchs* (C-Teile) aufbereitet als 4-Phasen-Übungen (1. Aufgabenstellung – 2. Pause für die Antwort – 3. Lösung – 4. Pause zum Nachsprechen der Lösung)	**Sprechübungen 2** 4 Compact-Cassetten, beide Halbspuren bespielt, Laufzeit 312 Min., DM 120,– UPr Hueber-Nr. 13.3090
Interessante *Lesestoffe*, auf den Kenntnisstand von Französisch für Sie 2 abgestimmt	Lektüren: **Rencontre et autres histoires** 48 Seiten, geh., DM 4,– Hueber-Nr. 32.3090 **Du nouveau pour vous . . .** 32 Seiten, geh., DM 4,– Hueber-Nr. 33.3090
Die wichtigsten *Wörter* und *Grammatikregeln*, Testaufgaben mit Lösungsschlüssel und Lerntips	**Französisch compact** 80 Seiten, kart., DM 5,80 Hueber-Nr. 3126

Bestellkarte

Ich bestelle hiermit (falls keine Buchhandlung am Ort, liefert der Verlag an Privatpersonen direkt gegen Nachnahme):

Anzahl	Best.-Nr.	Titel	Preis
______	6.3090	Arbeitsbuch 2	8,80
______	3.3090	3 Schallplatten	18,– UPr
______	12.3090	1 Compact-Cassette	28,– UPr
______	3120	Französische Mindestgrammatik	14,–
______	3112	Französisch-deutsches Lernwörterbuch	6,50
______	15.3090	Aspects de la France actuelle 2	5,–
______	13.3090	Sprechübungen 2, 4 Compact-Cassetten	120,– UPr
______	32.3090	Rencontre et autres histoires	4,–
______	33.3090	Du nouveau pour vous	4,–
______	3126	Französisch compact	5,80

Preisänderungen vorbehalten (Stand 1. 4. 1978)

Datum

Unterschrift

Mehr Erfolg beim Sprechen – mehr Spaß beim Lernen durch unser bewährtes, aufeinander abgestimmtes Lehrsystem »Französisch für Sie«.

Bei der Auswahl Ihrer Materialien wird Ihnen Ihr Dozent sicher gerne behilflich sein.

Absender

Name

Straße/Nr.

Postleitzahl/Wohnort

Bitte bestellen Sie über Ihre Buchhandlung.
Informationen erteilt gerne der Max Hueber Verlag, Krausstr. 30, 8045 Ismaning

404-82

sprachen der welt
hueber

Bitte als Postkarte freimachen

Postkarte
Carte Postale

5.

Est-ce que vous allez à la plage? – S'il fait beau nous irons à la plage.

a. Est-ce que vous vous promenez? **b.** Est-ce que vous partez pour Cannes? **c.** Est-ce que vous faites du camping? **d.** Est-ce que vous prenez le bateau? **e.** Est-ce que vous déjeunez sur l'herbe? **f.** Est-ce que vous quittez la ville? **g.** Est-ce que vous allez aux courses?

6.

Je passerai mes vacances à Cannes. – Si j'étais à ta place, je ne passerais pas mes vacances à Cannes.

a. Je prendrai le train. **b.** J'emmènerai ma belle-mère. **c.** Je descendrai à l'hôtel Bellerive. **d.** Je paierai d'avance. **e.** J'emporterai beaucoup de bagages. **f.** J'achèterai ce bateau. **g.** Je visiterai le casino de Monaco.

7.

Si nous jouions aux courses, nous pourrions gagner un million. – Et si nous gagnions un million? Si nous gagnions un million, nous ne travaillerions plus. – Et si nous ne travaillions plus?

a. Si nous ne travaillions plus, nous ferions le tour du monde. **b.** Si nous faisions le tour du monde, nous descendrions dans les meilleurs hôtels. **c.** Si nous descendions dans les meilleurs hôtels, nous porterions des vêtements dernier cri. **d.** Si nous portions des vêtements dernier cri, nous entrerions dans le grand monde. **e.** Si nous entrions dans le grand monde, nous aurions beaucoup d'amis. **f.** Si nous avions beaucoup d'amis, nous aurions souvent des invités. **g.** Si nous avions souvent des invités, nous dépenserions tout notre argent. **h.** Si nous dépensions tout notre argent, nous devrions jouer encore une fois aux courses.

8.

a. Was täten Sie, wenn Sie eine Million gewinnen würden? **b.** Ich würde ein großes Auto kaufen und Reisen machen. **c.** Aber ich möchte keine Pläne machen, weil ich nie gewinne.

6 A Vérité et mensonge

Un jeune homme va se confesser. Il fait sombre dans l'église. Il profite d'un moment favorable pour voler la montre en or du curé.

Le curé: Qu'est-ce qui vous pèse sur le cœur, mon fils?
Le jeune homme: Je suis en train de voler, mon père.
Le curé: Ce n'est pas tout à fait exact. Il faut plutôt dire: J'ai volé.
Le jeune homme met la montre dans sa poche et dit: J'ai volé, mon père.
Le curé: Qu'est-ce que vous avez volé?
Le jeune homme: Je viens de voler une montre.
Le curé: Il faut la rendre, mon fils.
Le jeune homme: Je vais vous donner la montre, mon père.
Le curé: Non, je n'en veux pas, moi. Rendez-la à l'homme à qui vous l'avez prise.
Le jeune homme: Je viens de lui offrir la montre, mais il n'en veut pas.
Le curé: Est-ce que c'est bien vrai?
Le jeune homme: La pure vérité, mon père.
Le curé: S'il en est ainsi, mon fils, vous pouvez la garder, cette montre. Je vous donne l'absolution...

1. être en train de . . .

Il vole. Il met la montre dans sa poche.	Er ist ein Dieb. Er steckt die Uhr in die Tasche.	Gewohnheit, Zustand Augenblickshandlung
Il **est en train de** voler. Il **était en train de** partir (il partait), quand je suis entré.	Er stiehlt **gerade**. Er **war im Begriff** zu gehen, als ich eintrat.	*Noch andauernde* Handlung. *être en train de . . .* verstärkt das imparfait: nicht begrenzte Hintergrundshandlung

2. venir de . . .

J'ai volé.	Ich habe gestohlen.	Beliebiger Zeitpunkt in der Vergangenheit. Gegenwartsbezug
Je **viens de** voler une montre.	Ich habe **soeben** eine Uhr gestohlen.	*Unmittelbare* Vergangenheit

3. aller faire . . .

Je vous donnerai la montre.	Ich werde Ihnen die Uhr geben.	Tatsache in der Zukunft
Je **vais** vous donner la montre. Tu **vas** lui donner la montre.	Ich werde Ihnen die Uhr geben. Du gibst ihm die Uhr! (keine Widerrede!)	*aller faire . . .* gibt einer zukünftigen Handlung mehr Nachdruck und Aktualität und bezeichnet häufig die nahe Zukunft

4. offrir (wie ouvrir)

Viens, je t'**offre** un verre.	Tu m'**offres** une cigarette?
Nous vous **offrons** à boire.	Vous ne nous **offrez** rien.
Il m'**offre** une place.	Ils s'**offrent** un dîner.

Qu'est-ce qu'il a **offert**? **Offre-moi** à boire. **Offrez-nous** à boire.

1.

Est-ce que vous avez réparé ma voiture? –
Pas encore, mais je suis en train de la réparer.

a. Est-ce que vous avez mangé la soupe? **b.** Est-ce que vous avez lavé la voiture? **c.** Est-ce que vous avez fait les lits? **d.** Est-ce que vous avez cherché la lettre? **e.** Est-ce que vous avez fermé les fenêtres? **f.** Est-ce que vous avez payé les billets?

2.

Comptez l'argent. – Je suis en train de le compter.

a. Mettez le veston. **b.** Cherchez la lettre. **c.** Ouvrez la porte. **d.** Prenez le gâteau. **e.** Apportez les livres. **f.** Faites les chambres.

3.

Jean sort souvent. – Il était en train de sortir quand je l'ai vu.

a. Jean se promène souvent. **b.** Jean joue souvent aux cartes. **c.** Jean part souvent en vacances. **d.** Jean téléphone souvent. **e.** Jean se lave souvent. **f.** Jean regarde souvent par la fenêtre. **g.** Jean mange souvent.

4.

Vous prenez des frites? – Nous venons d'en prendre.

a. Vous achetez des journaux? **b.** Vous mangez des fruits? **c.** Vous buvez de la bière? **d.** Vous faites des excursions? **e.** Vous empruntez de l'argent? **f.** Vous faites du ski? **g.** Vous apportez des fleurs?

5.

Mme Lebrun est sortie? – Oui, elle vient de sortir.

a. Le train est parti? **b.** Les enfants sont rentrés? **c.** Le patron est descendu? **d.** Les voyageurs sont arrivés? **e.** M. Lebrun est monté? **f.** L'ascenseur est tombé en panne? **g.** Le client a payé?

6.

Est-ce que le train est déjà parti? – Non, mais il va partir tout de suite.

a. Est-ce qu'il a déjà fini? **b.** Est-ce qu'elle a déjà téléphoné? **c.** Est-ce qu'ils ont déjà mangé? **d.** Est-ce qu'on a déjà sonné? **e.** Est-ce qu'il est déjà rentré? **f.** Est-ce qu'elle a déjà répondu? **f.** Est-ce qu'ils sont déjà venus? **h.** Est-ce qu'il a déjà parlé?

7.

Est-ce qu'il va bientôt arriver? – Personne ne sait quand il arrivera.

a. Est-ce qu'elle va bientôt partir? **b.** Est-ce qu'il va bientôt payer? **c.** Est-ce qu'elle va bientôt finir? **d.** Est-ce qu'ils vont bientôt rentrer? **e.** Est-ce qu'il va bientôt se lever? **f.** Est-ce qu'ils vont bientôt s'arrêter? **g.** Est-ce qu'elle va bientôt répondre?

8.

Je voudrais dormir et pas travailler. – Il faut plutôt travailler.

a. Je voudrais sortir et pas rester à la maison. **b.** Je voudrais parler et pas réfléchir. **c.** Je voudrais garder l'argent et pas le rendre. **d.** Je voudrais rester au lit et pas me lever. **e.** Je voudrais prendre le métro et pas aller à pied. **f.** Je voudrais sortir et pas attendre. **g.** Je voudrais parler et pas écouter. **h.** Je voudrais jouer et pas faire des exercices.

9.

Il n'a pas voulu payer. – Mais il va devoir payer.

a. Il n'a pas voulu parler. **b.** Il n'a pas voulu rentrer. **c.** Il n'a pas voulu travailler. **d.** Il n'a pas voulu écouter. **e.** Il n'a pas voulu répondre. **f.** Il n'a pas voulu se dépêcher.

10.

a. Ich habe soeben den Zug versäumt. **b.** Was werden Sie jetzt tun? **c.** Ich werde drei Stunden warten müssen. **d.** Kommen Sie mit mir, ich gehe ins Kino.

7 A Quand les journalistes vendent les journaux...

Aujourd'hui les kiosques à journaux sont fermés. Les vendeurs ont suivi l'ordre de grève de leur syndicat. Mais il y a une équipe de journalistes qui vendent les journaux. A quoi doit-on s'attendre quand on vend des journaux pendant une grève? Voici les impressions d'une de ces journalistes:
Je me retrouve au carrefour Sèvres-Babylone avec 600 numéros du *Figaro*. Il est onze heures du matin. Il y a beaucoup de circulation.
«Est-ce que vous avez de la monnaie?» La rendre vite représente un problème. «Cela ne fait rien. Gardez tout... » Le pourboire forcé, en somme!
« C'est combien? C'est toujours le même prix? » demande un ouvrier. « Est-ce qu'on ne vous a pas encore cassé la figure? » s'informe une aimable dame. « Dans le quartier, cela pourrait arriver. »
Je continue à vendre mes journaux. « Lequel avez-vous? » demande une femme. « D'habitude, c'est *L'Humanité* qui se vend pendant les grèves. »
Des messieurs d'un certain âge cherchent à commencer une conversation: « Quoi de neuf? Qu'est-ce qui se passe dans le monde? » D'autres: « Au moins, vous faites quelque chose. » Mes poches se remplissent de pièces. Le tas de journaux diminue. Un enfant achète le dernier numéro. « Maman, regarde la dame, pourquoi a-t-elle les mains noires? »
Le journalisme mène à tout.

1. Die Frage (III)

Quel livre achetez-vous? **Quelle robe** **Quels journaux** **Quelles fleurs**	**Lequel** achetez-vous? **Laquelle** **Lesquels** **Lesquelles**	*Lequel* ersetzt *quel* + *Hauptwort* (Personen und Sachen)

Je pense **à un de nos amis.** Je sors **avec une de mes amies.** Je parle **d'un client.**	**Auquel**? **Avec laquelle**? **Duquel**?	*de* und *à* vor *le-* und *les-* > *du-*, *des-*, *au-* und *aux-*

Qui parle?	Wer?	**Qu'est-ce qui** se passe?	Was?
Qui est-ce qui parle?	Wer?		
De qui parles-tu?	Von wem?	**De quoi** parles-tu?	Wovon?
A qui penses-tu?	An wen?	**A quoi** penses-tu?	Woran?
Qui vois-tu?	Wen?	**Que** vois-tu?	Was?
Qui est-ce que tu vois?	Wen?	**Qu'est-ce que** tu vois?	Was?

Stellung

Quand est-ce que Robert travaille? Où travaille Robert? Comment travaille-t-il?	Frage mit *est-ce que . . . ?* oder Umstellung

Ist der Satzgegenstand ein *Hauptwort*, so steht	*est-ce que . . . ?*
1. **Pourquoi** est-ce que les kiosques sont fermés?	in der *pourquoi*-Frage
2. **Qui** est-ce que Robert cherche?	in der *qui*(wen)-Frage
3. Quand est-ce que Gisèle a acheté **le journal**?	wenn *Ergänzung* folgt
4. Est-ce que les kiosques sont fermés?	*ohne Fragewort*

Où est Gisèle? Comment va Robert?	Nachstellung des betonten Satzgegenstandes s. Band 1, 21 B

2. suivre

Je **suis** les ordres.	Tu ne les **suis** pas.	Nous **avons suivi** la route.
Nous **suivons** les ordres.	Vous ne les **suivez** pas.	
Il **suit** les femmes.	Les femmes ne le **suivent** pas.	

7 C

1.

Il vend des journaux. – A quoi doit-on s'attendre quand on vend des journaux?

a. Il fait un voyage. **b.** Il va au théâtre. **c.** Il va voir sa tante. **d.** Il fait une excursion. **e.** Il fait du ski. **f.** Il va à Paris.

2.

On en parle. – De quoi parle-t-on?

a. Il en a besoin. **b.** Ils en sont contents. **c.** Ils en profitent. **d.** Il en a assez. **e.** Ils en demandent encore. **f.** Il en reste encore.

3.

Elle sort avec quelqu'un. – Avec qui sort-elle?

a. Elle pense à quelqu'un. **b.** Elle parle à quelqu'un. **c.** Elle parle de quelqu'un. **d.** Elle travaille pour quelqu'un. **e.** Elle téléphone chez quelqu'un. **f.** Elle se promène avec quelqu'un. **g.** Elle dîne avec quelqu'un. **h.** Elle s'occupe de quelqu'un.

4.

Je vais vous dire à quoi je pense. – A quoi pensez-vous?

a. Je vais vous dire à qui je pense. **b.** Je vais vous dire de quoi j'ai besoin. **c.** Je vais vous dire qui j'attends. **d.** Je vais vous dire de quoi je me sers. **e.** Je vais vous dire à qui elle téléphone. **f.** Je vais vous dire de quoi il s'agit. **g.** Je vais vous dire à qui il envoie la lettre. **h.** Je vais vous dire de quoi il parle.

5.

Donnez-moi un de ces chapeaux. – Lequel?

a. Donnez-moi un de ces savons. **b.** Donnez-moi un de ces parfums. **c.** Réservez-moi une de ces tables. **d.** Appelez un de mes employés. **e.** Prenez encore deux de ces oranges. **f.** Donnez-moi trois de ces bouteilles. **g.** Donnez-moi cinq de ces cartes. **h.** Donnez-moi deux de ces gâteaux.

6.

J'ai parlé à un de vos amis. – Auquel?

a. J'ai commencé une conversation avec un de ces messieurs. **b.** J'ai travaillé pour une de ces entreprises. **c.** J'ai donné ton adresse à une de ces dames. **d.** Il a téléphoné à deux de vos clients. **e.** Il a donné un pourboire à deux de vos employés. **f.** J'ai perdu la lettre d'un client.

7.

Qu'est-ce que je dois faire? – Je ne sais pas quoi faire.

a. Qu'est-ce que je dois dire? **b.** Qu'est-ce que je dois répondre? **c.** Qu'est-ce que je dois mettre? **d.** Qu'est-ce que je dois prendre? **e.** Qu'est-ce que je dois manger? **f.** Qu'est-ce que je dois boire?

8.

Je ne suis plus ses ordres. – Je les ai suivis trop longtemps.

a. Nous ne suivons plus ses ordres. **b.** Jean ne suit plus ses ordres. **c.** Les enfants ne suivent plus ses ordres. **d.** Ne suis plus ses ordres. **e.** Ne suivez plus ses ordres.

9.

Cet homme m'a suivie. – Il me suit depuis dix minutes.

a. Ces hommes m'ont suivie. **b.** Tu m'as suivie. **c.** Vous m'avez suivie. **d.** La police m'a suivie. **e.** Les voitures m'ont suivie. **f.** Je les ai suivis. **g.** Nous les avons suivis.

10.

a. Was gibt es Neues? **b.** Dort ist ein Zeitungskiosk. **c.** Welche Zeitung nehmen Sie, *Le Monde* oder *Le Figaro*? **d.** Ich weiß nicht, welche ist interessanter? **e.** Was interessiert Sie? **f.** Die Rennen. **g.** Dann nehmen Sie doch *France-Soir*.

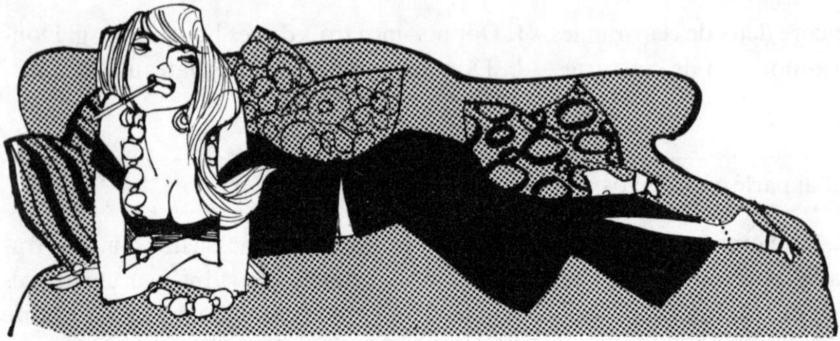

8 A Modestie exagérée

L'imprésario d'une idole de la chanson veut faire à sa protégée un beau cadeau pour son anniversaire. Il veut lui donner quelque chose d'extraordinaire. Elle peut choisir tout ce qu'elle voudra.

Il va la trouver pour savoir ce qui lui ferait plaisir:

– Veux-tu une Ferrari?
– Je n'y tiens pas. Des voitures, j'en ai déjà quatre.
– Veux-tu un bateau?
– Non, j'ai peur en mer parce que je ne sais pas nager.
– Veux-tu un cheval de course?
– Je n'aime pas les bêtes. Je ne peux pas les sentir.
– Un sac en crocodile?
– Impossible, j'ai déjà trop de sacs.
– Alors, peut-être qu'un livre te plairait?
– Non, j'en ai déjà un. Tu m'en as donné un l'année dernière.

Auprès de ma Blonde

Dans les jardins d'mon père
Les lilas sont fleuris; *(bis)*
Tous les oiseaux du monde
Viennent y faire leurs nids.

Refrain
Auprès de ma Blonde
Qu'il fait bon, fait bon, fait bon,
Auprès de ma Blonde
Qu'il fait bon dormir.

(Chanson populaire)

1. en, y

Tu veux **une** Ferrari? Tu **en** veux **une** ou tu n'**en** veux pas? Je **ne** veux **pas de** Ferrari. **En** veux-tu **une**?	 einen – keinen keinen – einen
Tu veux **du** vin? Tu **en** veux ou tu n'**en** veux pas?	 welchen – keinen
Je viens **de** Paris. Vous **en** venez aussi?	von dort
J'ai besoin **d**'argent. Vous n'**en** avez pas besoin?	*en* steht für eine Ergänzung mit *de* (für Sachen)
Je vais **à** Paris. Vous **y** allez aussi?	dorthin
Il pense **aux** vacances. Il **y** pense toujours.	*y* steht für eine Ergänzung mit *à* (für Sachen)

2. pouvoir : savoir

Je ne **peux** pas aller en France. Je ne **sais** pas parler français.	Äußere Umstände Erworbene Kenntnisse

3. Wortstellung

	Gisèle	achète	un chapeau.
Aujourd'hui	Gisèle	achète	un chapeau.
	Satzgegenstand	Zeitwort	Ergänzung

Montrez le chapeau **à Gisèle**.	
Montrez	**à Gisèle** le chapeau qui se trouve dans la vitrine.

Die längere oder betonte Satzergänzung steht nach.

8 C

1.

Il n'aime pas réparer la voiture? – Il ne sait pas réparer la voiture.

a. Elle n'aime pas faire la cuisine? **b.** Il n'aime pas faire du ski? **c.** Il n'aime pas jouer aux cartes? **d.** Elle n'aime pas parler français? **e.** Il n'aime pas nager? **f.** Elle n'aime pas mettre la table?

2.

Vous allez emporter ça? – Je ne sais pas si je peux emporter tout ça.

a. Vous allez manger ça? **b.** Vous allez boire ça? **c.** Vous allez payer ça? **d.** Vous allez prendre ça? **e.** Vous allez acheter ça? **f.** Vous allez laver ça? **g.** Vous allez vendre ça? **h.** Vous allez utiliser ça?

3.

Elle ne tient pas à avoir une voiture. – Elle n'y a jamais tenu.

a. Il ne réussit pas à garer sa voiture. **b.** Il ne pense pas à nous aider. **c.** Je ne compte pas sur son aide. **d.** Jean ne répond pas aux questions. **e.** Il n'arrive pas à comprendre. **f.** Elle n'est pas bonne en allemand.

4.

Vous achetez un journal? – J'en ai déjà acheté un.

a. Vous prenez un cognac? **b.** Vous empruntez un livre? **c.** Vous mangez une escalope? **d.** Vous achetez une robe? **e.** Vous ouvrez une fenêtre? **f.** Vous mettez un veston? **g.** Vous gardez une photo?

5.

Tu veux une Ferrari? – Tu en veux une ou tu n'en veux pas? Tu veux de l'eau minérale? – Tu en veux ou tu n'en veux pas?

a. Tu veux un bateau? **b.** Tu veux de l'argent? **c.** Tu prends un café? **d.** Tu prends du lait? **e.** Tu achètes une robe? **f.** Tu achètes des chaussures?

6.

Je ne reste pas dans ce bateau. – Je me sens mal en bateau.

a. Je ne monte pas dans cet avion. **b.** Je n'entre pas dans la ville. **c.** Je ne monte pas dans le train. **d.** Je ne reste pas dans cette voiture. **e.** Je ne monte pas dans cet autobus.

7.

Gisèle revient de la côte. – Beaucoup de gens en reviennent. Gisèle va sur la côte. – Beaucoup de gens y vont.

a. Gisèle revient de la campagne. **b.** Gisèle arrive à la gare. **c.** Gisèle descend du train. **d.** Gisèle monte dans le train. **e.** Gisèle sort de la gare. **f.** Gisèle entre dans la gare. **g.** Gisèle revient de vacances.

8.

C'est extraordinaire. – C'est vraiment quelque chose d'extraordinaire.

a. C'est bon. **b.** C'est très joli. **c.** C'est drôle. **d.** C'est très cher. **e.** C'est nouveau. **f.** C'est étrange. **g.** C'est intéressant.

9.

Montrez le sac à Gisèle. Il se trouve dans la vitrine. – Montrez à Gisèle le sac qui se trouve dans la vitrine.

a. Donnez le porte-monnaie à Juliette. Il se trouve dans mon sac. **b.** Envoyez le chèque à la banque. Il se trouve dans mon portefeuille. **c.** Empruntez les journaux à Liliane. Elle vient de les acheter. **d.** Donnez ce chocolat aux enfants. Il est dans ma poche.

10.

a. Ich gebe dir etwas Besonders zu deinem Geburtstag: ein Plastikboot. **b.** Ich will keines. **c.** Warum, hast du schon eines? **d.** Nein, aber ich fühle mich auf dem Meer nicht wohl, weil ich nicht schwimmen kann.

Test 1

1. Mettez à l'imparfait:

a. Nous sommes en vacances.
b. Nous nous couchons tôt et nous nous levons tard.
c. Tous les jours nous faisons des excursions.
d. Souvent nous déjeunons sur l'herbe.
e. Notre père choisit une place près d'une rivière.
f. Notre mère s'occupe du repas.
g. Après, nous nous asseyons dans l'herbe et jouons aux cartes ou nous nous amusons dans l'eau.

2. Mettez au passé (imparfait ou passé composé):

a. Sur le bureau de M. Dubois il y a des lettres, des dossiers et des notes.
b. C'est un beau jour de mai.
c. M. Dubois a chaud, il a faim et surtout il a soif.
d. Il est trois heures.
e. Tout à coup M. Dubois ferme les dossiers, met son veston, quitte le bureau, descend dans la rue et va au café.
f. Il entre et cherche une place.
g. Il n'y a qu'un monsieur qui est assis près de la fenêtre. C'est son patron.

3. Mettez au futur simple:

a. La semaine dernière nous sommes allés à Paris.	La semaine prochaine ....
b. Nous avons fait le voyage en wagon-lit.	....
c. Nous sommes arrivés à la gare de l'Est.	....
d. Nous sommes descendus dans un petit hôtel au Quartier Latin.	....
e. Nous avons visité le musée du Louvre.	....
f. Ma femme a regardé les beaux magasins.	....
g. Elle a acheté une robe.	....
h. On n'a pas pris le métro.	....
i. On a traversé Paris en autobus.	....

k. Comme ça on a vu beaucoup plus de monuments. ....
l. J'ai envoyé beaucoup de cartes et rapporté des souvenirs pour mes amis. ....
....

4. Accordez les verbes:

a. Si je (gagner) .... 10000 francs, j'achèterais une voiture.
b. S'il me prête sa voiture, je (aller) .... à Versailles.
c. Si nous gagnions un million, nous vous en (donner) .... la moitié.
d. Si tu as besoin d'argent, je (envoyer) .... un chèque.
e. Si tu m'achetais un bateau, je (être) .... content.
f. Si nous avions son adresse, nous (aller le voir) ....
g. Si j'avais une voiture, je vous (emmener) ....
h. Si vous saviez nager, vous ne (avoir) .... pas peur.

5. Posez des questions:

Je n'aime pas ça. – Qu'est-ce que vous n'aimez pas?

a. Ça ne m'intéresse pas.
b. Je ne parle plus de ça.
c. Je ne parle plus de lui.
d. Je ne bois plus ça.
e. Je n'y pense plus.
f. Jeanne ne voulait pas sortir avec lui.
g. Je ne m'attendais pas à ça.
h. Je n'y vais plus.
i. Ils ne l'attendent pas.
k. Je ne leur parle pas.
l. Gisèle ne devrait pas s'occuper de ça.
m. Il ne faut pas en manger.

6. Dites le contraire:

a. Vous avez vu quelqu'un? Non, je ....
b. Vous avez mangé quelque chose? Non, je ....
c. Vous entendez quelque chose? Non, je ....

d. Vous avez quelquefois vu le docteur? Non, je ....
e. Vous cherchez quelqu'un? Non, je ....
f. Elle fait encore des promenades? Non, elle ....
g. Vous vivez toujours à Caen? Non, je ....

7.

Prenez ce sac-là. – Celui-ci coûte trop cher.

a. Prenez ces chaussures-là.
b. Prenez cette montre-là.
c. Prenez ces verres-là.
d. Prenez cet hôtel-là.

8.

Regardez ce livre. – Je l'ai déjà regardé.

a. Achetez un billet.
b. Répondez à la lettre.
c. Répondez à Robert.
d. Parlez de vos problèmes.
e. Prenez du lait.
f. Envoyez une carte.
g. Descendez dans la cave.
h. Aidez la dame.
i. Profitez de l'occasion.

9.

Il ne parle pas. – Un jour il parlera.

a. Il ne vient pas.
b. Il ne peut pas payer.
c. Ils ne savent pas.
d. Il ne sort pas.
e. Ils ne m'emmènent pas.
f. Vous ne l'achetez pas.
g. Il ne faut pas dire la vérité.

h. Elle n'est pas seule.
i. Ils n'ont pas peur.
k. Il ne veut pas nous voir.
l. Il ne voit pas de quoi il s'agit.

10.

Tu prends du lait? – Oui, j'en prends. Et toi, tu n'en prends pas?

a. Tu veux une voiture?
b. Tu achètes des fruits?
c. Tu prends un cognac?
d. Tu veux voir ce film?
e. Tu as son adresse?

11. Employez *savoir* **ou** *pouvoir* **:**

a. Nous n'avons pas .... trouver la maison de M. Dubois.
b. J'ai peur en mer parce que je ne .... pas nager.
c. S'il .... parler français, il irait en France.
d. Elle a .... la date.
e. Comment as-tu .... faire une chose pareille?
f. Si elle prenait des leçons de français, elle .... parler français.
g. S'il était là, il .... nous aider.

12. Thème

a. Ich war allein im Juwelierladen, als zwei Männer eintraten.
b. Der Chef war in die Stadt gegangen.
c. Sie hatten eine Kamera und Revolver.
d. Ich hob die Hände, und sie drehten eine Szene für einen Kriminalfilm.
e. Sie hatten den Laden schon verlassen, als ich sah, daß das Schaufenster leer war.

10 A Le médecin de campagne

C'est l'hiver. Il fait froid et il neige jour et nuit. Il fait un temps de chien. Dans un trou perdu à 15 kilomètres de la ville il y a un malade qui ne va pas bien du tout. On appelle le docteur qui habite la ville. Le docteur se met en route. Il y a de la neige partout. Il n'est pas facile de rouler en voiture aujourd'hui. Il emporte deux pelles à neige. Après avoir fait sa visite chez le malade et après lui avoir donné quelques médicaments, il se met de nouveau en route. Sur le chemin du retour il voit un homme d'environ quarante ans marcher à pas lourds dans la neige au bord de la route. Le docteur s'arrête pour le prendre dans son auto. C'est un homme fort, cela se voit. Il pourrait l'aider si la neige bloquait la voiture.

Au bout de quelques kilomètres la neige devient si épaisse qu'il a vraiment besoin de son aide. Enfin ils arrivent en ville. Avant de rentrer à la maison le docteur demande à son passager:

– Où est-ce que je peux vous déposer?

– Je ne sais pas, je cherche le docteur parce que nous avons un malade à la maison.

1. Il est . . . : c'est . . .

a) Il n'est pas difficile **de** *rouler en voiture.*

Rouler en voiture, **ce** n'est pas difficile.

Bei vorausgehender Grundform **muß** *ce* stehen.

b) Il est facile **d'**apprendre *le français.*

Le français **(Il)** est facile **à** apprendre.

Il unpersönlich: **de** + Grundform. *Il persönlich:* **à** + Grundform.

2. Unpersönliche Ausdrücke

il neige, il pleut (il a plu)	il y a, avait, aura
il fait frais, chaud, froid	
il fait beau, mauvais (temps)	Il faut voir ça.
il fait clair, sombre	Il faut avoir vu ça.
il fait jour, nuit	Il fallait beaucoup de médicaments.
il est tôt, tard, il est temps	Il (nous) a fallu 50 F pour . . .

3. Neutraler Satzgegenstand

Cela se voit. (Das sieht man.)	Il nous manque 5 F. (Es fehlen uns)
Cela nous intéresse.	Il en reste. (Es ist etwas übrig.)

4. avant, après + Grundform

Avant de rentrer, il demande . . .	Grundform d. Gegenwart
Après avoir fait sa visite, il rentre.	Grundf. d. Vergangenheit
Après être monté dans sa voiture, il part.	*avoir* u. *être* vgl. passé composé

5. Umstandswörter des Ortes

dedans – dehors	en face – derrière	près (de) – loin (de)
au-dessus – au-dessous	là-haut – là-bas	au milieu

6. Umstandswörter der Zeit

la veille – le lendemain	demain matin – hier soir
l'année, la semaine dernière –	l'année, la semaine prochaine

Vgl.: *avant* huit heures: *devant* la gare (vor)

1.

> Je vais faire du ski. C'est facile. –
> Il n'est pas si facile de faire du ski.

a. Je vais nager un kilomètre. C'est facile. **b.** Je vais trouver un cadeau pour elle. C'est facile. **c.** Je vais vendre tous ces journaux. C'est facile. **d.** Je vais gagner aux courses. C'est facile. **e.** Je vais arriver à temps. C'est facile. **f.** Je vais réparer la télévision. C'est facile.

2.

> Il est parti sans fermer la porte à clé. –
> Ce n'est pas vrai, il l'a fermée avant de partir.

a. Ils sont partis sans payer. **b.** Elle est sortie sans dire au revoir. **c.** Elle est sortie sans manger. **d.** Il est allé en France sans apprendre le français. **e.** Il a réussi sans travailler. **f.** Il est monté dans le train sans acheter de billet.

3.

> Vous n'avez pas vu cela? – Il faut avoir vu cela.

a. Vous n'avez pas essayé cela? **b.** Vous n'avez pas utilisé cela? **c.** Vous n'avez pas entendu cela? **d.** Vous n'avez pas fait cela? **e.** Vous n'avez pas regardé cela? **f.** Vous n'avez pas bu cela? **g.** Vous n'avez pas visité cela?

4.

> L'été dernier il a toujours plu. – Cet été il ne pleut pas du tout.

a. L'hiver dernier il a toujours neigé. **b.** L'hiver dernier il a toujours fait froid. **c.** L'été dernier il a toujours fait chaud. **d.** La semaine dernière il a toujours fait beau. **e.** L'année dernière il y a toujours eu de la neige. **f.** L'année dernière il a toujours fallu faire du chauffage.

5.

Juliette voudrait acheter un chapeau. – Il faudra aller en ville pour acheter un chapeau.

a. Juliette voudrait manger au restaurant. **b.** Juliette voudrait voir les magasins. **c.** Juliette voudrait rencontrer des jeunes gens. **d.** Juliette voudrait aller au cinéma. **e.** Juliette voudrait acheter des souvenirs.

6.

Il n'y a plus de chaussures au-dessous de cent francs. Au-dessus de cent francs il y en a. – Au-dessus de cent francs je n'en veux pas.

a. Dehors il n'y a plus de café. Dedans il y en a. **b.** Il n'y a plus de places à l'avant. A l'arrière il y en a. **c.** Il n'y a plus de chambres en haut. En bas il y en a. **d.** Il n'y a plus d'appartements près de la plage. Loin de la plage il y en a. **e.** Il n'y a plus de garages derrière la maison. En face il y en a. **f.** Il n'y a plus de parkings au milieu de la ville. En dehors il y en a.

7.

J'arriverai à la gare avant vous. – Je vous attendrai devant la gare.

a. Je sortirai du bureau avant vous. **b.** Je quitterai l'hôtel avant vous. **c.** J'arriverai au cinéma avant vous. **d.** J'arriverai au théâtre avant vous. **e.** Je visiterai le musée avant vous.

8.

Je ne l'ai pas vu depuis une semaine. – Il y a une semaine que je l'ai vu pour la dernière fois.

a. Je ne l'ai pas rencontré depuis 15 jours. **b.** Je ne lui ai pas parlé depuis six mois. **c.** Je ne l'ai pas emmené depuis un an. **d.** Je n'en ai pas mangé depuis trois mois. **e.** Je n'en ai pas bu depuis deux ans.

9.

a. Heute ist ein Hundewetter. **b.** Es regnet und schneit. **c.** Man muß zu Hause bleiben. **d.** Morgen wird es vielleicht wieder (von neuem) schön.

11 A Une lettre de demande d'emploi

Le Département Fibres Textiles DUPONT de Nemours (France) S.A.

9, rue de Vienne, Paris (8e) recherche

CORRESPONDANCIER(IÈRE)

FONCTIONS: correspondance avec nos représentants en Allemagne
Pratique de l'allemand commercial nécessaire

Ecrire à la DIRECTION DU PERSONNEL
Les candidatures seront examinées avec la plus grande discrétion

Aix-la-Chapelle, le 19 décembre 19...

DUPONT de Nemours S.A.
Département Fibres Textiles
Direction du personnel
9, rue de Vienne

F-75-Paris 8e
FRANCE

Messieurs,

J'ai l'honneur de répondre à votre annonce du 2 décembre parue dans France-Soir. Je vous écris peut-être trop tard. Je n'ai pas trouvé cette annonce moi-même, mais elle m'a été envoyée par un ami français; en effet, France-Soir ne se lit pas tellement en Allemagne.
Je suis de nationalité allemande et j'ai vingt-deux ans. Je travaille depuis quatre ans dans une maison d'importation où je suis chargé de la correspondance commerciale avec la France. J'ai une bonne connaissance du français écrit car j'ai fait des études privées et j'ai lu beaucoup de livres français. Cependant il me manque la pratique du français parlé. C'est pourquoi j'aimerais avoir la possibilité d'être reçu par votre chef du personnel au cours du voyage que je dois faire à Paris le mois prochain.
Dans l'attente d'une réponse favorable, recevez, Messieurs, l'expression de mes sentiments dévoués.

Wolfgang Sonner

1. Die Leideform

a) Formen être + Mittelwort der Vergangenheit

Je	**suis**	**chargé**	de la correspondance.
Les candidatures	**seront**	**examinées**	avec la plus grande discrétion.
La lettre	**a été**	**envoyée**	par un ami.
L'annonce	**avait été**	**trouvée**	dans France-Soir.
J'aimerais	**être**	**reçu**	par votre chef.

Bildung *nur* mit Zeitwörtern, die den *4. Fall* nach sich haben können.

b) par – de

Le voleur est suivi	**par la police.**	Träger einer echten Handlung
Robert est suivi	**de son chien.**	Begleitung, Zustand
Robert est compris	**de son chien.**	Geistige Tätigkeit

c) Ersatzformen zur Vermeidung der oft schwerfälligen Leideform

On lit ce journal.	Ce journal **se lit** beaucoup (wird viel gelesen).
Aktive Form	*Rückbezügliche Konstruktion*

2. écrire

Je t'**écris**	toujours.	Tu ne m'**écris**	pas.	**Ecris**-moi.
Nous vous **écrivons**	toujours.	Vous ne nous **écrivez**	pas.	**Ecrivez**-nous.
Il **écrit**	ce que les journaux n'**écrivent** pas.			

3. lire

Je ne **lis**	pas le livre que	tu **lis**.	Ne **lis** pas ce livre.
Nous ne **lisons**	pas le livre que	vous **lisez**.	Ne **lisez** pas ce livre.
Il ne **lit**	pas les livres que	**lisent** ses sœurs.	

J'ai **lu** tout ce que vous avez **écrit**. **Lisez** ce que vous **écrivez**.

4. recevoir

Je ne **reçois**	pas d'argent.	Est-ce que tu en **reçois**?
Nous ne **recevons**	pas d'argent.	Est-ce que vous en **recevez**?
Il **reçoit**	souvent des lettres.	Ils n'en **reçoivent** jamais.

Je n'ai pas **reçu** d'argent. Mais j'en **recevrai** bientôt.

1.

Je cherche ma serviette. – Est-ce qu'il a été trouvé une serviette?

a. Je cherche mon porte-monnaie. **b.** Je cherche mon portefeuille. **c.** Je cherche mon chapeau. **d.** Je cherche mes papiers. **e.** Je cherche mes lunettes. **f.** Je cherche mon chien. **g.** Je cherche mon sac. **h.** Je cherche mes clés.

2.

On a trouvé une clé. – Beaucoup de clés sont trouvées chaque jour.

a. On a trouvé un portefeuille. **b.** On a trouvé un chapeau. **c.** On a trouvé un sac. **d.** On a trouvé des lunettes. **e.** On a trouvé une montre. **f.** On a trouvé un manteau. **g.** On a trouvé une serviette.

3.

La lettre est écrite. – Elle a été écrite par Jean.

a. La voiture est réparée. **b.** La porte est fermée. **c.** Le paquet est ouvert. **d.** Les clés sont trouvées. **e.** Les Dubois sont invités. **f.** La table est réservée. **g.** Le jeu est gagné. **h.** Le travail est fini.

4.

Tu seras invité. – Je serai invité par qui?

a. Tu seras payé. **b.** Tu seras aidé. **c.** Tu seras remercié. **d.** Tu seras informé. **e.** Tu seras appelé. **f.** Tu seras employé. **g.** Tu seras emmené.

5.

On ne fait pas cela. – Cela ne se fait pas.

a. On ne dit pas cela. **b.** On n'écrit pas cela. **c.** On n'emploie pas cela. **d.** On ne mange pas cela. **e.** On ne lave pas cela. **f.** On ne lit pas cela.

6.

On aimait Robert. – Mais il n'était pas aimé de tous.

a. On suivait les ordres. **b.** On aimait Gisèle. **c.** On comprenait les enfants. **d.** On aimait ces fêtes. **e.** On suivait le voleur. **f.** On comprenait ses paroles.

7.

Il a reçu une lettre. – Des lettres, il en reçoit souvent.

a. Elle a reçu un cadeau. **b.** Ils ont reçu une invitation. **c.** Elles ont reçu des paquets. **d.** J'ai reçu de l'argent. **e.** Nous avons reçu des clients. **f.** Tu as reçu une leçon. **g.** Vous avez reçu une gifle.

8.

Elle lui a écrit une lettre. – Elle lui écrit chaque semaine.

a. Il lui a écrit une lettre. **b.** Ils lui ont écrit une lettre. **c.** Je lui ai écrit une lettre. **d.** Nous lui avons écrit une lettre. **e.** Tu lui as écrit une lettre. **f.** Vous lui avez écrit une lettre.

9.

Elle lit sa lettre. – Elle l'a déjà lue deux fois.

a. Il lit sa lettre. **b.** Ils lisent sa lettre. **c.** Je lis sa lettre. **d.** Nous lisons sa lettre. **e.** Tu lis sa lettre. **f.** Vous lisez sa lettre.

10.

Il ne fait pas son travail. – Il lit un livre.

a. Elle ne fait pas son travail. **b.** Ils ne font pas leur travail. **c.** Je ne fais pas mon travail. **d.** Nous ne faisons pas notre travail. **e.** Tu ne fais pas ton travail. **f.** Vous ne faites pas votre travail.

11.

a. Ich bin mit der Handelskorrespondenz mit Frankreich betraut. **b.** Ich hätte gern die Möglichkeit, von Ihrem Personalchef empfangen zu werden.

12 A Un problème difficile

Robert et sa sœur sont en train de faire une promenade autour d'un lac. Leur chien les a suivis. Sur le chemin du retour le soleil disparaît derrière de lourds nuages. Robert s'inquiète: «Malheureusement nous n'avons pas de parapluie. Toi, tu as ton manteau en cuir. Moi, je n'ai mis qu'une veste. Je me dépêche. Ce coin-là est connu pour ses orages.» Robert se met à courir. Evidemment il rentre avant sa sœur qui ne court pas.

Le chien, lui, est plus poli, mais il ne sait pas lequel des deux il doit accompagner. Alors il va et vient de l'un à l'autre sans s'arrêter. Robert marche à 7 kilomètres à l'heure, sa sœur à 5 kilomètres à l'heure, et le chien fait 12 kilomètres à l'heure. La jeune fille met 60 minutes pour rentrer à la maison.

Quelle distance est-ce que le chien a parcourue?

Nous savons combien de kilomètres le chien a faits:

Nous connaissons la vitesse du chien: 12 km/h. La jeune fille a mis une heure pour finir sa promenade, donc le chien a aussi mis une heure pour rentrer à la maison. Par conséquent la distance que le chien a parcourue est de 12 kilomètres. Tout le reste n'est là que pour compliquer les choses.

1. Die Übereinstimmung des Mittelwortes der Vergangenheit mit einer vorausgehenden Ergänzung im 4. Fall (vgl. Bd. 1, 19 B)

	4. Fall		
Le chien a suivi	Robert et sa sœur.		
Il	**les**	a	suivi**s**.
Ils avaient oublié	leurs parapluies.		
Ils	**les**	avaient	oublié**s**.
	persönl. Fürwort		
Le chien a parcouru	une distance	de 12 kilomètres.	
	Quelle distance	a-t-il	parcouru**e**?
	Combien de kilomètres	est-ce que	
	Fragefürw. mit Hauptw.	le chien a	fait**s**?
La distance	**que**	le chien a	parcouru**e**
	bezügl. Fürwort	est de 12 km.	

2. courir, parcourir

Je **cours**	vite.	Tu **cours**	plus vite que moi.
Nous **courons**	moins vite que vous.	Vous **courez**	trop vite.
Il **court**	après l'argent.	Ses fils **courent**	après les femmes.

Il **a** bien **couru**. S'il continue comme ça il **courra** aux Jeux Olympiques.

3. connaître, reconnaître, disparaître

Je **connais**	beaucoup de choses que tu ne **connais**		pas.
Je vous **connais**	bien.	Vous ne me **reconnaissez**	pas?
Il **disparaît**	quand	les gens le **reconnaissent**.	

Tu es **connu**. On t'a **reconnu**.

4. Teilungsartikel « des » ersetzt durch « de »

Le soleil disparaît derrière **de** lourd**s** nuages.	In gehobener Sprache vor einem Eigenschaftswort in der Mehrzahl
aber: des jeunes filles (Mädchen)	Vor feststehendem Begriff nur *des*

1.

Tu vas mettre ta veste? – Je l'ai déjà mise.

a. Tu vas inviter les Lebrun? **b.** Tu vas voir Gisèle? **c.** Tu vas regarder les photos? **d.** Tu vas écrire la lettre? **e.** Tu vas lire ces journaux? **f.** Tu vas payer la montre? **g.** Tu vas informer les enfants?

2. Exercice écrit

D'habitude, il nous invite. – Cette fois, il ne nous a pas invité(e)s.

a. D'habitude, il nous téléphone. **b.** D'habitude, il oublie ses clés. **c.** D'habitude, il parle à ces clients. **d.** D'habitude, il suit les ordres du patron. **e.** D'habitude, il m'attend. **f.** D'habitude, il nous écoute. **g.** D'habitude, il nous écrit.

3. Exercice écrit

Il m'a offert une maison. – Mais je n'aime pas la maison qu'il m'a offerte.

a. Il m'a donné des livres. **b.** Elle m'a montré des robes. **c.** Il m'a fait des offres. **d.** Elle s'est fait une robe. **e.** Il m'a envoyé des chaussures. **f.** Il m'a offert une montre. **g.** Il m'a réservé une chambre.

4. Exercice écrit

Ils ont acheté une maison. – Quelle maison ont-ils achetée?

a. Elle a réservé une chambre. **b.** Elle a choisi un manteau. **c.** Elle a acheté des chaussures. **d.** Elle a mis une belle robe. **e.** Il a fait des projets. **f.** Ils ont vu une comédie.

5.

Je suis né en 1950. – J'ai . . . ans.

a. Il est né en 1952. Quel âge a-t-il? **b.** Elle est née en 1954. Quel âge a-t-elle?

c. Ils sont nés en 1960. Quel âge ont-ils? **d.** Elles sont nées en 1958. Quel âge ont-elles?

6.

Il a couru aux Jeux Olympiques. – Mais il ne court plus.

a. Elle a couru aux Jeux Olympiques. **b.** Ils ont couru aux Jeux Olympiques. **c.** J'ai couru aux Jeux Olympiques. **d.** Nous avons couru aux Jeux Olympiques. **e.** Vous avez couru aux Jeux Olympiques. **f.** Tu as couru aux Jeux Olympiques.

7.

On la connaît. – Elle est très connue.

a. On le connaît. **b.** Ils vous connaissent. **c.** Je vous connais. **d.** Nous le connaissons. **e.** Vous la connaissez. **f.** Tu la connais.

8.

Il est connu. – Et il connaît tout le monde.

a. Gisèle est connue. **b.** Ils sont connus. **c.** Je suis connu. **d.** Nous sommes connus. **e.** Tu es connu. **f.** Vous êtes connu(s).

9.

Je ne peux pas aller en vacances. – Il me manque de l'argent.

a. Nous ne pouvons pas aller en vacances. **b.** Il ne peut pas aller en vacances. **c.** Ils ne peuvent pas aller en vacances. **d.** Vous ne pouvez pas aller en vacances. **e.** Tu ne peux pas aller en vacances.

10.

a. Ich danke Ihnen für die Blumen, die Sie mir zu meinem Geburtstag geschickt haben. **b.** Sie sind sehr schön. **c.** Ich habe sie in mein Zimmer gestellt. **d.** Sie haben mir 21 Blumen geschickt. **e.** Ich bin aber erst 18 Jahre alt.

13 A Trop poli pour être honnête

L'inspecteur: A quelle heure est-ce que vous avez quitté la banque, Mademoiselle?

Mlle Simone: A dix heures du matin.

L'inspecteur: Est-ce que vous vous êtes arrêtée en chemin?

Mlle Simone: Non, je ne me suis arrêtée nulle part. Je me suis dépêchée.

L'inspecteur: Comment est-ce que vous vous y êtes prise alors? Est-ce qu'il y avait beaucoup de monde à la banque?

Mlle Simone: Oui, j'ai dû attendre à peu près un quart d'heure.

L'inspecteur: Et personne ne vous a parlé?

Mlle Simone: Non, c'est seulement quand je suis sortie qu'un jeune homme est entré et m'a poussée brusquement. A ce moment la serviette est tombée par terre. Mais le jeune homme était très poli. Il s'est tout de suite penché et l'a ramassée. Il s'est excusé mille fois.

L'inspecteur: Et vous ne vous êtes doutée de rien?

Mlle Simone: Non, pourquoi? Il n'a pas ouvert la serviette.

L'inspecteur: Et quand avez-vous remarqué qu'il n'y avait plus d'argent dedans?

Mlle Simone: Quand j'ai remis la serviette à mon patron. Il l'a ouverte. Elle était vide. Il fallait vraiment regarder la serviette de près pour se rendre compte qu'elle avait été remplacée par une autre.

a) Passé composé

		4. Fall		
On m'a appelé(e).	Mais je ne	me	**suis** pas	arrêt**é(e)**.
On t'a appelé(e).	Mais tu ne	t'	**es** pas	arrêt**é(e)**.
On l'a appelé.	Mais il ne	s'	**est** pas	arrêt**é**.
On l'a appelée.	Mais elle ne	s'	**est** pas	arrêt**ée**.
On nous a appelé(e)s.	Mais nous ne	nous	**sommes** pas	arrêt**é(e)s**.
On vous a appelé(e)s.	Mais vous ne	vous	**êtes** pas	arrêt**é(e)s**.
On les a appelés.	Mais ils ne	se	**sont** pas	arrêt**és**.
On les a appelées.	Mais elles ne	se	**sont** pas	arrêt**ées**.

Das Mittelwort der Vergangenheit richtet sich nach dem vorausgehenden 4. Fall.

b) Elle **s**'est lavé**e**. **Aber:** Elle **s**'est lav**é** **les cheveux**.
4. Fall *3. Fall* *4. Fall*

Das Mittelwort der Vergangenheit bleibt unverändert, wenn der 4. Fall nachsteht.

c) Plus-que-parfait

Elle ne s'**était** arrêt**ée** nulle part.

d) Il ne faut pas dire cela. Cela ne **se dit** pas. (Das sagt man nicht.)

e) Vergleichen Sie

arrêter qn	jn anhalten	s'arrêter	stehenbleiben
appeler qn	jn rufen	s'appeler	heißen
attendre qn	jn erwarten	s'attendre à qc.	rechnen mit etw.
lever qc.	etw. (hoch)heben	se lever	aufstehen
informer qn	jn informieren	s'informer	s. erkundigen
étonner qn	jn erstaunen	s'étonner	staunen

1.

Elle s'est dépêchée. – Elle ne s'est pas arrêtée en chemin.

a. Il s'est dépêché. **b.** Elles se sont dépêchées. **c.** Nous nous sommes dépêchés. **d.** Je me suis dépêché. **e.** Tu t'es dépêché. **f.** Vous vous êtes dépêchés.

2.

On l'a appelée. – Mais elle ne s'est pas arrêtée.

a. On les a appelés. **b.** On vous a appelés. **c.** On t'a appelé. **d.** On nous a appelés. **e.** On m'a appelé.

3.

Il devrait se laver. – Il ne s'est pas lavé.

a. Il devrait se lever. **b.** Elle devrait se dépêcher. **c.** Elle devrait se mettre en route. **d.** Tu devrais te promener. **e.** Tu devrais t'excuser. **f.** Il devrait se coucher. **g.** Vous devriez vous informer.

4.

Elle a reçu un pourboire. – Elle ne s'attendait pas à recevoir un pourboire.

a. Elle a reçu un chèque. **b.** Il a reçu une gifle. **c.** Ils ont reçu un paquet. **d.** J'ai reçu une invitation. **e.** Nous avons reçu un cadeau. **f.** Elle a reçu des fleurs. **g.** J'ai reçu une visite.

5.

Je me suis douté de cela. – De quoi est-ce que vous vous êtes douté?

a. Nous nous sommes servis de cela. **b.** Nous nous sommes occupés de cela. **c.** Il s'est informé de cela. **d.** Il s'est douté de cela. **e.** Il s'est rendu compte de cela. **f.** Elle s'est excusée de cela. **g.** Ils se sont étonnés de cela.

6.

Où est-ce que tu t'es arrêté? – Je ne me suis arrêté nulle part.

a. Où est-ce que tu as cherché? **b.** Où est-ce que tu as attendu? **c.** Où est-ce que tu t'es amusé? **d.** Où est-ce que tu es descendu? **e.** Où est-ce que tu es allé? **f.** Où est-ce que tu as mangé?

7.

J'ai voulu ouvrir la porte. – Mais la porte ne s'est pas ouverte.

a. J'ai voulu fermer la serviette. **b.** J'ai voulu arrêter la voiture. **c.** J'ai voulu casser la bouteille. **d.** J'ai voulu étonner mon ami. **e.** J'ai voulu amuser les enfants.

8.

Il ne faut pas dire ça. – Ça ne se dit pas.

a. Il ne faut pas laver ça. **b.** Il ne faut pas faire ça. **c.** Il ne faut pas raconter ça. **d.** Il ne faut pas jeter ça. **e.** Il ne faut pas manger ça. **f.** Il ne faut pas boire ça. **g.** Il ne faut pas écrire ça.

9. Exercice écrit

Elle va se laver les cheveux. – Elle s'est déjà lavé les cheveux hier.

a. Elle va se faire un gâteau. **b.** Ils vont s'offrir une journée libre. **c.** Elle va s'acheter des chaussures. **d.** Ils vont se payer un bon dîner. **e.** Ils vont se dire des vérités. **f.** Ils vont se poser des questions.

10.

a. Der junge Mann hatte mich unvermutet gestoßen, und meine Mappe war auf den Boden gefallen. **b.** Aber er hat sich sofort gebückt und mir die Mappe gegeben. **c.** Er hat sich tausendmal entschuldigt.

14 A Une excuse étonnante

A peine sortie de l'école, la jeune institutrice, fatiguée par le travail, est montée dans l'autobus. Elle s'est assise juste en face d'un monsieur. Elle le regarde. En effet, sa tête lui rappelle quelque chose. « Je le connais certainement. Je l'ai déjà rencontré quelque part. C'est probablement un père d'élève » se dit-elle et elle lui sourit de confiance.

Mais le monsieur reste de glace. Il se contente de regarder la jeune institutrice d'un air froid.

A la fin, elle se rend compte de son erreur. L'idée de ce que celui-ci et ses voisins doivent imaginer la fait rougir. « Tout le monde va se moquer de moi » pense-t-elle.

Terriblement gênée, elle se décide à expliquer son erreur.
« Excusez-moi, Monsieur, laissez-moi vous expliquer. Vous pouvez me croire, je vous ai pris pour le père d'un de mes enfants . . . ! »

1. faire faire, laisser faire

Elle rougit. Cette idée la **fait rougir**.
Dieser Gedanke *läßt* sie erröten (*veranlassen*).

Il veut sortir. **Laissez**-le **sortir**.
Lassen Sie ihn hinausgehen (*zulassen*).

Verbundenes persönliches Fürwort *vor* | faire (laisser) + Grundform |

2. Das Zeitwort und seine Ergänzung

Ergänzg. *im 4. Fall*	Ergänzg. mit *à*	Ergänzg. mit *de*
aider qn	s'attendre à qc.	s'agir de qc.
attendre qn	demander à qn	s'approcher de qn (qc.)
croire qn	s'intéresser à qc.	avoir besoin de qc.
raconter qc.	parler à qn	se douter de qc.
rappeler qc. (à qn)	penser à qn (qc.)	s'étonner de qc.
remercier qn	réfléchir à qc.	s'excuser de qc.
rencontrer qn	répondre à qn (qc.)	s'occuper de qn (qc.)
suivre qn	croire à qc.	profiter de qc.
		avoir peur de qc. (qn)
		remercier qn de qc.
		se rendre compte de qc.
		rire de qn (qc.)
		sourire de qn (qc.)

3. regarder : voir, écouter : entendre

Regardez par la fenêtre. Je ne **vois** rien.
Ecoutez. Je n'**entends** rien.

4. rire, sourire

Tu **ris** de moi?	Je te **souris** seulement.
Vous **riez** de moi?	Nous vous **sourions** seulement.
Elle **rit** d'eux.	Ils lui **sourient** seulement.

Je vous ai **souri**. Je n'ai pas **ri** de vous. Je **rirai**, je **sourirai**.

1.

Demandez s'ils vont réparer la télévision. –   Est-ce que vous allez réparer la télévision?   Demandez s'ils font réparer la télévision. –   Est-ce que vous faites réparer la télévision?

a. Demandez s'ils vont laver la voiture. **b.** Demandez s'ils font laver la voiture. **c.** Demandez s'ils vont faire un gâteau. **d.** Demandez s'ils font faire un gâteau. **e.** Demandez s'ils vont construire une maison. **f.** Demandez s'ils font construire une maison.

2.

Vous rougissez. – Qu'est-ce qui vous fait rougir?

a. Vous réfléchissez. **b.** Vous revenez. **c.** Vous souriez. **d.** Vous partez. **e.** Vous roulez vite. **f.** Vous allez lentement.

3.

Je ne lave pas les fenêtres. – Je les fais laver.

a. Je ne fais pas la chambre. **b.** Je ne fais pas la robe. **c.** Je ne répare pas la voiture. **d.** Je ne porte pas les bagages. **e.** Je n'écris pas la lettre. **f.** Je n'envoie pas les paquets.

4.

Je voudrais dormir. – Laissez-moi dormir.

a. Je voudrais sortir. **b.** Je voudrais parler. **c.** Je voudrais descendre. **d.** Je voudrais partir. **e.** Je voudrais monter. **f.** Je voudrais travailler.

5.

Ils ont beaucoup ri de lui. – Maintenant il se moque d'eux.

a. Elle a beaucoup ri de moi. **b.** Ils ont beaucoup ri d'elle. **c.** Il a beaucoup ri de toi. **d.** Nous avons beaucoup ri d'eux. **e.** Vous avez beaucoup ri de nous. **f.** Tu as beaucoup ri de lui. **g.** J'ai beaucoup ri d'elle.

6.

Robert ne rit pas de vous. – Il vous sourit seulement.

a. Madeleine ne rit pas de vous. **b.** Ces jeunes filles ne rient pas de vous. **c.** Je ne ris pas de vous. **d.** Nous ne rions pas de vous. **e.** Tu ne ris pas de lui. **f.** Vous ne riez pas de lui.

7.

Je n'y crois pas. – Je n'y ai jamais cru.

a. Nous n'y croyons pas. **b.** M. Lebrun n'y croit pas. **c.** Mes amis n'y croient pas. **d.** Tu n'y crois pas. **e.** Vous n'y croyez pas.

8.

Il te dit la vérité. – Mais tu ne le crois pas.

a. Il me dit la vérité. **b.** Il nous dit la vérité. **c.** Il vous dit la vérité. **d.** Il dit la vérité à Robert. **e.** Il dit la vérité à ses amis.

9.

Il est comme mon oncle. – Il me rappelle mon oncle.

a. Elle est comme ma sœur. **b.** Tu es comme un de mes amis. **c.** Il est comme M. Lebrun. **d.** Vous êtes comme ma fille. **e.** Il est comme mon frère. **f.** Elle est comme ma grand-mère.

10.

Jean devrait travailler. – Mais il ne peut pas se décider à travailler.

a. Il devrait parler. **b.** Il devrait partir. **c.** Il devrait s'excuser. **d.** Il devrait répondre. **e.** Il devrait se lever. **f.** Il devrait sortir.

11.

a. Eine junge Lehrerin steigt in den Bus. **b.** Ein Herr sitzt ihr gegenüber. **c.** Er erinnert sie an den Vater eines Schülers. **d.** Sie lächelt ihm zu. **e.** Aber sie hat sich getäuscht. **f.** Dieser Irrtum läßt sie erröten.

15 A De mon temps

Bizarre ... Mes enfants pourraient de temps à autre rencontrer des amis qui ont moins. Mais ils trouvent toujours des amis qui ont plus. Et plus je donne, plus ils en trouvent d'autres qui ont davantage. Hier encore ils sont venus:

« Oh, Papa! Il faut absolument acheter un Albatros. C'est le bateau le plus moderne. Il est *sensas*! On ne demanderait plus rien si notre plus beau rêve était réalisé. On serait aussi heureux que les autres. »

Comme si je pouvais mettre un million dans un bateau.

Et puis quoi! Même si j'achetais un Albatros, je parie qu'au bout de huit jours les enfants trouveraient des amis qui auraient le modèle super. J'essaie de me défendre: « Vous ne savez jamais vous contenter de modèles bon marché! De mon temps ... » Alors les enfants: « De ton temps ... de ton temps ... tu dis toujours ça, Papa! » C'est pourtant vrai: de mon temps les enfants étaient plus raisonnables, les parents avaient plus d'autorité, la vie était plus facile, les gens étaient plus polis, les tissus étaient plus solides, le franc était plus stable, les marchandises étaient moins chères, le pays était plus sain ... Exact, sans doute, mais c'est déjà ce que me disait mon père, et c'est probablement ce que dira mon fils à ses enfants. En ce pays du bon temps, on ne cesse de jurer que le temps précédent était bien meilleur.

a)

Ce bateau est **moderne**. Il est **plus moderne que** les autres. C'est **le plus moderne**.	Ce garçon n'est pas **poli**. Il est **moins poli que** les autres. C'est **le moins poli**.

b)

André est **plus grand que** Jean.	größer als . . .
Mais il est **moins grand que** Robert.	kleiner als . . .
Henri est **le moins grand** de tous.	der Kleinste

c) Stellung des gesteigerten Eigenschaftswortes

Quel beau chapeau!	C'est **le plus beau** chapeau.
Quel bon vin.	C'est **mon meilleur** vin.
Quel manteau moderne!	C'est **mon** manteau **le plus moderne**.

Das längere Eigenschaftswort steht in der Regel nach dem Hauptwort mit dem Geschlechtswort.

d) Vergleich

Juliette est **aussi** jolie **que** Liliane.
Mais elle n'est pas **si** jolie **que** Gisèle.

Im verneinten Satz wird *aussi* . . . *que* sehr häufig zu *si* . . . *que*.

e) plus . . . plus (je . . . desto)

Plus je leur donne **plus** ils demandent.

f)

De mon temps la vie était moins difficile. Elle devient **de plus en plus** difficile.	immer schwieriger
De mon temps le franc était plus stable. Il devient **de moins en moins** stable.	immer weniger

1.

Quelle belle robe! – C'est ma plus belle robe.

a. Quelle belle photo! **b.** Quelles belles chaussures! **c.** Quel joli chapeau! **d.** Quel vieux livre! **e.** Quel grand parapluie! **f.** Quelle petite montre! **g.** Quel beau manteau! **h.** Quel gros poisson!

2.

Nous voulons un bateau moderne. – Voilà le bateau le plus moderne.

a. Nous voulons un journal intéressant. **b.** Nous voulons un appartement confortable. **c.** Nous voulons un cadeau pratique. **d.** Nous voulons une grande chambre. **e.** Nous voulons une chaise solide.

3.

C'est une bonne machine. – Mais l'autre est meilleure. C'est un beau chapeau. – Mais l'autre est plus beau.

a. C'est un bon vin. **b.** C'est une belle robe. **c.** C'est un bon restaurant. **d.** C'est une belle maison. **e.** C'est une bonne idée. **f.** C'est un beau cadeau. **g.** C'est une bonne voiture. **h.** C'est un beau bateau.

4.

Vous avez acheté une belle robe. – Moi, je n'ai pas trouvé une robe aussi belle.

a. Vous avez acheté un joli chapeau. **b.** Vous avez acheté un beau bateau. **c.** Vous avez acheté un manteau élégant. **d.** Vous avez acheté une grande serviette. **e.** Vous avez acheté un joli sac.

5.

Elle est très chic. – Elle n'est pas si chic que tu penses.

a. Elle est très gentille. **b.** Il est très poli. **c.** Elle est très charmante. **d.** Elle est très aimable. **e.** Il est très fidèle. **f.** Il est très audacieux.

6.

Je leur donne beaucoup de choses. – Mais plus je leur donne, plus ils demandent.

a. Je leur achète beaucoup de choses. **b.** Je leur prête beaucoup de choses. **c.** Je leur offre beaucoup de choses. **d.** Je leur montre beaucoup de choses. **e.** Je leur raconte beaucoup de choses.

7.

Jean est assez grand. – Mais il est moins grand que les autres.

a. Ce livre est assez intéressant. **b.** Cette robe est assez chère. **c.** Cet exercice est assez difficile. **d.** Ces chaussures sont assez belles. **e.** Cette tour est assez haute. **f.** Ce garçon est assez poli.

8.

Elle m'a demandé d'acheter un bateau. – Comme si je pouvais acheter un bateau.

a. Elle m'a demandé de vendre la maison. **b.** Elle m'a demandé de payer la voiture. **c.** Elle m'a demandé de partir en vacances. **d.** Elle m'a demandé de réparer la machine. **e.** Elle m'a demandé de faire la cuisine.

9.

De mon temps le franc était plus stable. – Il devient de moins en moins stable.

a. De mon temps la vie était plus tranquille. **b.** De mon temps les gens étaient plus polis. **c.** De mon temps les tissus étaient plus solides. **d.** De mon temps les enfants étaient plus raisonnables. **e.** De mon temps les vendeuses étaient plus gentilles.

10.

a. Mein Vater sagt immer, daß zu seiner Zeit das Leben besser war. **b.** Die Sachen in den Geschäften waren billiger und die Eltern hatten mehr Autorität. **c.** Mein Großvater hat mir gesagt, daß er meinem Vater dasselbe gesagt hätte.

16 A Le Mistral

La Société Nationale des Chemins de Fer français a donné le nom du vent du midi à son train le plus célèbre. Il s'agit du Mistral qui relie Paris à Nice. Il compte parmi les trains européens les plus parfaits. Il a maintenant de nouvelles voitures. Le nouveau Mistral relie Paris à Nice à la vitesse moyenne de 120 km/h. On va plus confortablement que jamais des brumes parisiennes au soleil de la Méditerranée.
Les nouvelles voitures sont vraiment modernes. Elles offrent autant de confort qu'un hôtel. Les couloirs sont entièrement vitrés. La restauration a été largement améliorée. Deux wagons-restaurants fonctionnent parfaitement. Une voiture-bar offre des plats froids et quatre voitures-salons permettent de se faire servir sans quitter sa place. On y est servi le mieux possible du monde.
A ces conforts s'ajoutent aussi: salon de coiffure (hommes et dames), kiosque à journaux, une sorte de boutique et un service de secrétariat.
Grâce à l'électrification complète de la ligne Marseille–Vintimille, le Mistral gagne à peu près 32 minutes de plus.
En 1954, il couvrait les 1.088 km en 11 heures; en 1969, il couvre cette même distance en 9 heures 08.

1. Das Umstandswort (II) (Vgl. Band 1, 29 B) **16 B**

a) Abgeleitete Umstandswörter

C'est un travail **parfait**. Il a mangé un pain **entier**.	Il l'a fait **parfaitement**. Il l'a mangé **entièrement**.

Die Endsilbe *-ment* wird in der Regel an die weibliche Form des Eigenschaftswortes angehängt.

Aber: das *e* entfällt nach betontem Selbstlaut:

C'est une vérité **absolue**. C'est **vrai** qu'il a payé.	C'est **absolu**ment vrai. Il a **vrai**ment payé.

-ant > -amment, -ent > -emment:

C'est une ville élég**ante**. Il ne veut pas venir, c'est évid**ent**.	On y vit **élégamment**. **Evidemment** il ne veut pas venir.

Merke: Il l'a **acheté bon marché**. Il l'a **vendu cher**.

b) Steigerung des Umstandswortes

Il travaille **bien**. Il travaille **mieux que** les autres. Henri travaille **le mieux**.	Il travaille **beaucoup**. Il travaille **plus que** les autres. Henri travaille **le plus**.
J'**aime bien** rester à la maison. Il **aime mieux** sortir.	
Il travaille **le plus vite** possible. ... **so** schnell **wie** (nur) möglich.	

c) Vergleich

Il travaille **autant que** les autres. Mais il ne travaille pas **tant que** nous.	Im verneinten Satz wird *autant que* häufig zu *tant que*.

2. couvrir (wie ouvrir, offrir)

Je **couvre** le panier. La neige **couvre** le chemin.	Pourquoi le **couvrez**-vous? Des nuages **couvrent** le soleil.
J'ai **couvert** cette distance en huit heures.	

1.

On y est bien servi. – On y est servi le mieux possible.

a. On y est bien placé. **b.** On y est bien assis. **c.** On y est bien payé. **d.** On y est bien installé. **e.** On y est bien informé. **f.** On y est bien reçu.

2.

Ce gâteau est bon. – Il est bien meilleur que les autres. Cet homme travaille bien. – Il travaille bien mieux que les autres.

a. Ce vin est bon. **b.** Elle chante bien. **c.** Cette soupe est bonne. **d.** Il écrit bien. **e.** Ce restaurant est bon. **f.** Il parle bien. **g.** Ces oranges sont bonnes. **h.** Elle nage bien. **i.** Cette voiture est bonne. **k.** Ils vivent bien.

3.

Je travaille beaucoup. – Je travaille autant que vous ou même davantage.

a. Je gagne beaucoup. **b.** J'écris beaucoup. **c.** Je lis beaucoup. **d.** Je vends beaucoup. **e.** Je sors beaucoup. **f.** Je perds beaucoup. **g.** J'apprends beaucoup.

4.

Allez à la gare. – Allez-y le plus vite possible.

a. Apportez les médicaments. **b.** Envoyez le paquet. **c.** Cherchez le dossier. **d.** Réparez la voiture. **e.** Servez le déjeuner. **f.** Ecrivez la lettre. **g.** Finissez le travail. **h.** Vendez la voiture.

5.

Est-ce que tu ne te promènes plus? – Je me promène plus que jamais.

a. Est-ce que tu ne travailles plus? **b.** Est-ce qu'il ne neige plus? **c.** Est-ce qu'il ne pleut plus? **d.** Est-ce que tu ne sors plus? **e.** Est-ce que Jean ne boit plus? **f.** Est-ce qu'il ne dort plus?

6.

Comme elle est belle! – Et elle devient de plus en plus belle.

a. Comme les vêtements sont chers! **b.** Comme les exercices sont difficiles! **c.** Comme le chien est gros! **d.** Comme il est drôle! **e.** Comme il est malin! **f.** Comme il est audacieux!

7.

Mon oncle a beaucoup d'argent. – Je voudrais avoir autant d'argent que lui.

a. Juliette a beaucoup de robes. **b.** Tu as beaucoup de chance. **c.** Liliane a beaucoup de chaussures. **d.** Mon voisin a beaucoup de fleurs. **e.** Chantal a beaucoup d'amis. **f.** Mon grand-père a beaucoup de livres.

8.

Quand il offre un mauvais vin, il couvre l'étiquette avec sa main.

a. Quand elle offre un mauvais vin, ... **b.** Quand les Lebrun offrent un mauvais vin, ... **c.** Quand j'offre un mauvais vin, ... **d.** Quand nous offrons un mauvais vin, ... **e.** Quand vous offrez un mauvais vin, ... **f.** Quand tu offres un mauvais vin, ...

9.

Vous sortez ou vous restez à la maison? – J'aime mieux rester à la maison.

a. Vous allez au théâtre ou vous allez faire du ski? **b.** Vous vous couchez tôt ou vous allez au cinéma? **c.** Vous emmenez les enfants ou vous partez seul? **d.** Vous faites du camping ou vous vous installez à l'hôtel? **e.** Vous prenez l'avion ou vous allez en voiture? **f.** Vous écrivez une lettre ou vous téléphonez?

10.

a. Der »Mistral« verbindet Paris und Nizza. **b.** Er zählt zu den modernsten Zügen Europas. **c.** Er bietet ebensoviel Komfort wie ein Hotel. **d.** Man wird dort so gut wie nur möglich bedient.

17 A L'homme seul c'est l'ennemi

Je connais beaucoup de gens qui sont allés en vacances sans réserver de chambre. Moi aussi, j'ai fait comme ça. Je vais vous dire ce qui m'est arrivé:

J'ai monté et descendu les rues d'Arcachon, j'ai couru par toute la ville pour trouver une chambre. Dans plusieurs hôtels où je me suis adressé, chaque fois j'ai été reçu avec la même question:

– Vous êtes seul, Monsieur?

– Oui.

– Désolé, nous sommes au complet.

J'ai appris que dans deux au moins de ces hôtels, des couples qui se sont présentés après moi ont trouvé à se loger. Des amis que j'ai rencontrés sur la côte basque m'ont raconté qu'ils ont fait exactement la même expérience.

– C'est une mésaventure classique, m'a expliqué un responsable régional du tourisme. Pour les hôteliers, l'homme seul est l'ennemi; il ne prend qu'un seul petit déjeuner et un seul repas.

1. Zur Bildung von passé composé und plus-que-parfait

a)

Ils sont **allés** à la gare. Ils ne sont pas encore **retournés** chez eux.
Elle est **arrivée** hier. Les autres étaient déjà **partis**.
Quand êtes-vous **venus**? Vous n'êtes pas **restés** longtemps à Paris.
Il est **tombé** quand il est **entré**.
Je suis presque **morte** de peur.
Il est **né** le 2 avril.

Aber: Il **a** couru. Il **a** marché. Il m'**a** suivi.

Wechselnder Gebrauch von « avoir » und « être »

Ohne Ergänzung im 4. Fall	Mit Ergänzung im 4. Fall
Elle **est** descendue. Je **suis** monté(e). Il **est** déjà sorti.	Elle **a** descendu (monté) la rue. J'**ai** descendu (monté) vos bagages. Est-ce qu'il **a** déjà sorti la voiture du garage?

Vgl.: Les vacances **sont** passées. *Ergebnis*
Elles **ont** passé trop vite. *Vorgang*

b) Elle s'est dépêché**e**. Elle s'était levé**e** trop tard. (Vgl. 13 B)

2. In der Leideform (vgl. 11 B)

La lettre m'**a été envoyée** par un ami français.
Les candidatures **seront examinées** avec la plus grande discrétion.

1.

On monte les bagages? – On les a déjà montés.

a. On monte les paquets? **b.** On descend les bouteilles à la cave? **c.** On descend les pommes de terre? **d.** On sort les bagages du coffre? **e.** On monte la machine? **f.** On sort les instruments de la serviette? **g.** On descend les livres?

2.

Il faudrait descendre. – Pourquoi est-ce que vous n'êtes pas descendus?

a. Il faudrait monter. **b.** Il faudrait partir. **c.** Il faudrait sortir. **d.** Il faudrait rentrer. **e.** Il faudrait aller à l'école. **f.** Il faudrait revenir. **g.** Il faudrait entrer.

3.

Il voulait sortir. – Est-ce qu'il est déjà sorti?
Il voulait sortir la voiture. – Est-ce qu'il l'a déjà sortie?

a. Elle voulait descendre. **b.** Il voulait descendre les bouteilles. **c.** Elle voulait monter à sa chambre. **d.** Il voulait monter les paquets. **e.** Elle voulait sortir. **f.** Elle voulait sortir le panier du coffre.

4.

Le patron est descendu avec les bagages. – Il les a descendus lui-même.

a. Elle est descendue avec les paquets. **b.** Elles sont descendues avec les bagages. **c.** Ils sont descendus avec la machine. **d.** Nous sommes montés avec les bouteilles. **e.** Je suis monté avec le panier. **f.** Il est sorti avec la lourde boîte.

5.

Il s'est dépêché. – Il a couru.

a. Elle s'est dépêchée. **b.** Je me suis dépêché. **c.** Nous nous sommes dépêchés. **d.** Tu t'es dépêché(e). **e.** Vous vous êtes dépêché(e)s. **f.** Ils se sont dépêchés. **g.** Elles se sont dépêchées.

6.

Il n'est pas allé en voiture. – Il a marché.

a. Elle n'est pas allée en voiture. **b.** Ils ne sont pas allés en voiture. **c.** Je ne suis pas allé en voiture. **d.** Nous ne sommes pas allés en voiture. **e.** Tu n'es pas allé en voiture. **f.** Vous n'êtes pas allé(s) en voiture.

7.

L'affaire est décidée. – Elle a été décidée en peu de temps.

a. Le travail est fini. **b.** La robe est faite. **c.** Le film est tourné. **d.** La table est mise. **e.** La voiture est réparée. **f.** La lettre est écrite. **g.** Les chambres sont faites. **h.** Les journaux sont vendus.

8.

Les vacances sont passées. – Elles ont passé trop vite.

a. L'été est passé. **b.** L'anniversaire est passé. **c.** L'année est passée. **d.** Les jours de fête sont passés. **e.** La journée est passée. **f.** L'excursion est passée.

9.

Il a amusé tout le monde. – Mais lui-même il ne s'est jamais amusé.

a. Il a trompé tout le monde. **b.** Il a informé tout le monde. **c.** Il a présenté tout le monde. **d.** Il a ennuyé tout le monde. **e.** Il a étonné tout le monde. **f.** Il a inquiété tout le monde.

10.

a. Man darf nicht in Ferien fahren, ohne ein Zimmer reservieren zu lassen. **b.** In Arcachon lief ich (bin ich gelaufen) durch die ganze Stadt, um ein Zimmer zu finden. **c.** Die Hotels waren alle besetzt. **d.** Aber viele Ehepaare, die nach mir ankamen (angekommen sind), haben noch eine Unterkunft gefunden.

Test 2

1. Dites le contraire:

Il y a des places *dedans*. – Il y a des places *dehors*.

a. Il y a des chaussures *au-dessus de* cent francs.
b. Il y a des places *à l'avant*.
c. Il y a des chambres *en haut*.
d. L'hôtel est *près de* la plage.
e. Les garages se trouvent *en face de* l'hôtel.
f. Il vient *après* neuf heures.
g. Il regarde *en arrière*.
h. Nous avons cherché *partout*.
i. Il va *à gauche*.
k. Ils *vont à* la gare.

2. Choisissez parmi les réponses (Wählen Sie aus den folgenden Antworten die jeweils richtige aus): *il fait jour*, *il fait nuit*, *il fait chaud*, *il fait froid*, *il neige*, *c'est facile*, *il pleut*

a. Nous faisons du ski. Pourquoi?
b. Je voudrais avoir le chauffage central. Pourquoi?
c. Il ne met pas de manteau. Pourquoi?
d. La rivière monte. Pourquoi?
e. Je n'ai pas besoin de ton aide. Pourquoi?
f. On va se coucher. Pourquoi?
g. Maintenant il faut se lever. Pourquoi?

3.

C'est Jean qui a écrit cette lettre? – Oui, elle a été écrite par Jean.

a. C'est le patron qui a reçu les clients?
b. C'est M. Dupont qui emmènera Juliette?
c. C'est un jeune homme qui a suivi Juliette?
d. C'est Gisèle qui a trouvé la clé?

e. C'est le chasseur qui monte les bagages?
f. C'est mon père qui choisira les vins?
g. C'est la secrétaire qui enverra les paquets?
h. C'est le patron qui avait payé le dîner?
i. C'est Robert qui a reconnu le voleur?
k. C'est grand-père qui choisissait toujours la place?

4.

J'ai dit à Gisèle de faire la chambre. – Mais elle ne l'a pas faite.

a. J'ai dit à Jean de se dépêcher.
b. J'ai dit à Juliette de s'arrêter.
c. J'ai dit à Robert de courir.
d. J'ai dit à Gisèle d'écrire la lettre.
e. J'ai dit à Liliane de se couvrir.
f. J'ai dit à M. Dubois de venir.
g. J'ai dit au chauffeur de monter les bagages.
h. J'ai dit aux enfants de descendre.
i. J'ai dit à Jean de descendre les bouteilles.
k. J'ai dit à Paul de lire le livre.

5.

Il ne regarde pas la télévision. – Pourquoi est-ce qu'il ne la regarde pas?

a. Il n'aide pas ses enfants.
b. Ils ne croient pas leurs parents.
c. Elle ne croit pas son père.
d. Tu ne remercies pas tes amis.
e. Il n'aide pas sa mère.
f. Il ne suit pas la voiture.
g. Il ne s'attendait pas à une gifle.
h. Il n'écoute pas le professeur.
i. Tu ne t'occupes pas de tes enfants.
k. Tu ne réponds pas à la lettre.

6.

Vous n'avez pas envoyé le paquet. – Vous ne l'envoyez pas?

a. Vous n'avez pas écrit la lettre.
b. Ils n'ont pas écrit la lettre.
c. Vous n'avez pas lu le livre.
d. Elles n'ont pas lu les livres.
e. Vous n'avez pas couvert la voiture.
f. Ils n'ont pas couvert la voiture.
g. Vous n'avez pas suivi les voleurs.
h. Ils n'ont pas suivi les voleurs.
i. Vous n'avez pas reçu M. Dubois.
k. Ils n'ont pas reçu le client.

7. Quelles phrases vont ensemble (Welche Sätze passen zusammen)?

a. Je ne sais pas faire la robe moi-même.
b. La télévision est cassée.
c. Les enfants ont fini leur travail.
d. Il était drôle.
e. Je suis seul.
f. On lui a échangé la serviette.
g. Sa tête lui rappelle quelque chose.
h. Je me suis trompé.
i. C'est un bon hôtel.

A. On a beaucoup ri de lui.
B. Il n'y a personne qui s'occupe de moi.
C. Nous la faisons réparer.
D. Je la fais faire.
E. Laissez les jouer.
F. Elle lui sourit de confiance.
G. On y est servi le mieux possible.
H. Mais elle ne s'est doutée de rien.
I. Il me faut expliquer mon erreur.

8.

Aujourd'hui les tissus sont solides. – Mais de mon temps ils étaient plus solides.

a. Aujourd'hui les parents ont de l'autorité.
b. Aujourd'hui on est bien servi dans les hôtels.

c. Aujourd'hui les voitures sont bonnes.
d. Aujourd'hui on mange bien ici.
e. Aujourd'hui on boit beaucoup.
f. Aujourd'hui les fruits sont bon marché.
g. Aujourd'hui on travaille longtemps.

9.

Ce train est moins confortable qu'un hôtel. – Il est aussi confortable qu'un hôtel.

a. Il y a moins de confort que dans un hôtel.
b. Il travaille moins vite que son frère.
c. Il lit moins que son frère.
d. Elle est moins belle que sa sœur.
e. Il donne moins de pourboire que son père.
f. Il offre moins d'argent que le patron.
g. Elle a moins de chance que son amie.

10. Reliez les deux phrases par (Verbinden Sie die Sätze mit)**:** *après, avant, parce que, pour, sans, c'est pourquoi*

a. Je ferme la porte à clé. Puis je pars. *(après)*
b. Elle finit son travail. Elle va au cinéma. *(avant)*
c. Elle reste au lit. Elle est malade. *(parce que)*
d. Il court par toute la ville. Il veut trouver une chambre. *(pour)*
e. Il est parti. Il n'a pas fermé la porte à clé. *(sans)*
f. Il reste à la maison. Il pleut. *(c'est pourquoi)*

11. Thème

a. Je mehr ich meinen Kindern gebe, desto mehr wollen sie.
b. Sie finden immer Freunde, die mehr haben als sie selbst.
c. Die anderen haben immer die perfektesten Dinge.
d. Selbst wenn ich ihnen ein Boot für eine Million kaufen würde, wären sie nicht zufrieden.
e. Ich sage immer, daß man sich zu meiner Zeit mit weniger zufrieden gab.
f. Aber sie glauben es mir nicht.

19 A Le goût du pain

Chaque jour, à Montréal, à New York, à Tokyo, les avions long-courriers livrent des milliers de baguettes de pain français, que bien des ménagères n'hésitent pas à payer douze ou quinze fois leur prix normal. Des jeunes gens viennent du Canada, des Etats-Unis et même du Japon suivre à Paris des cours pour apprendre le métier de boulanger.

Et pourtant, ce pain célèbre, une des plus sûres valeurs gastronomiques de la France, est menacé par l'industrialisation des techniques de la boulangerie. Pour pouvoir se conserver, le pain produit en usine est traité de telle manière que le consommateur cherche en vain le plaisir de la croûte qui craque sous la dent. La plupart des Français n'aiment pas le toast sous cellophane. Ils aiment le pain frais.

Le progrès est même parvenu jusqu'aux boulangeries de quartier. Les machines permettent aujourd'hui de traiter la pâte en moins de vingt minutes. Ainsi, tous les matins, le boulanger gagne deux heures de sommeil. Mais la pâte n'a pas seulement blanchi, elle a aussi perdu son goût. Quelques heures après sa sortie du four, la baguette devient dure, son goût fade.

1. Der Teilungsartikel (III) (vgl. Band 1, 8 B und 13 B)

Mengenangabe + de

Voilà **du pain**.	Je voudrais **un morceau de** pain.
Voilà **du café**.	Je voudrais **une tasse de** café.
Voilà **des œufs**.	Je voudrais **une douzaine d'**œufs.
Voilà encore **des lettres**.	J'ai reçu **une centaine de** lettres.
Voilà **du parfum**.	J'ai déjà **assez de** parfum.
Voilà **de la bière**.	Tu bois **trop de** bière.
Voilà **du chocolat**.	Tu manges **tant de** chocolat.

Aber:

Il fait **bien des** excursions. **La plupart des** jeunes gens aiment nager.

2. Völkernamen

l'Afrique, en Afrique	les Etats-Unis, **aux** Etats-Unis
l'Allemagne, en Allemagne	la France, en France
l'Amérique, en Amérique	la Grande-Bretagne, en Grande-Bretagne
l'Angleterre, en Angleterre	l'Italie, en Italie
l'Asie, en Asie	le Japon, **au** Japon
l'Autriche, en Autriche	la Norvège, en Norvège
la Belgique, en Belgique	le Portugal, **au** Portugal
le Canada, **au** Canada	la Russie, en Russie
l'Espagne, en Espagne	la Suisse, en Suisse

africain,e	asiatique	espagnol,e	norvégien,ne
allemand,e	autrichien,ne	français,e	portugais,e
américain,e	belge	italien,ne	russe
anglais,e	canadien,ne	japonais,e	suisse

3. conduire, produire, construire

Je **conduis** mal.	Tu **conduis** bien.
Nous **conduisons** une entreprise.	Vous la **conduisez** très bien.
La maison se **construit** lentement.	Ces usines **produisent** beaucoup.

Il a **produit** beaucoup de films. Cette maison est mal **construite**.

1.

Je n'ai jamais été en France. – Mais j'aime la France.

a. Je n'ai jamais été en Amérique. **b.** Je n'ai jamais été au Japon. **c.** Je n'ai jamais été au Canada. **d.** Je n'ai jamais été en Espagne. **e.** Je n'ai jamais été au Portugal. **f.** Je n'ai jamais été en Allemagne. **g.** Je n'ai jamais été en Russie. **h.** Je n'ai jamais été en Suisse.

2.

Il habite l'Amérique. – Mais il n'est pas né Américain.

a. Il habite l'Angleterre. **b.** Il habite l'Allemagne. **c.** Il habite l'Espagne. **d.** Il habite l'Italie. **e.** Il habite la Suisse. **f.** Il habite la Russie. **g.** Il habite la France.

3.

Il fait toujours des excursions? – Il fait bien des excursions.

a. Il fait toujours des fautes? **b.** Il fait toujours des voyages? **c.** Il fait toujours des films? **d.** Il fait toujours des visites? **e.** Il fait toujours des promenades? **f.** Il fait toujours des exercices?

4.

Ce jeune homme aime faire du ski. – La plupart des jeunes gens aiment faire du ski.

a. Cette jeune fille aime chanter. **b.** Cet enfant aime nager. **c.** Ce chien aime se promener. **d.** Cette femme aime parler. **e.** Ces gens aiment gagner de l'argent. **f.** Ces enfants n'aiment pas être lavés. **g.** Cette femme aime écrire des lettres. **h.** Cet homme aime jouer aux courses.

5.

J'ai du café. Vous en voulez une tasse? – Une tasse de café me ferait plaisir.

a. J'ai du thé. Vous en voulez une tasse? **b.** J'ai du vin. Vous en voulez un verre? **c.** J'ai du bordeaux. Vous en voulez une bouteille? **d.** J'ai un gâteau. Vous en voulez un morceau? **e.** J'ai des cigarettes américaines. Vous en voulez un paquet? **f.** J'ai des bonbons. Vous en voulez une boîte?

6.

Il a produit beaucoup de films. – Il produit un film tous les deux ans.

a. Elle a produit beaucoup de films. **b.** Ils ont produit beaucoup de films. **c.** J'ai produit beaucoup de films. **d.** Tu as produit beaucoup de films. **e.** Nous avons produit beaucoup de films. **f.** Vous avez produit beaucoup de films.

7.

Il a construit beaucoup de maisons. – Il en a construit une centaine.

a. Il a acheté assez de cravates. **b.** Ils ont reçu beaucoup de lettres. **c.** Nous avons écrit beaucoup de cartes. **d.** Ils ont vendu beaucoup de voitures. **e.** Vous avez essayé assez de chapeaux. **f.** Tu as reçu assez de cadeaux.

8.

Il sait conduire. – Il conduit depuis longtemps.

a. Elle sait conduire. **b.** Ils savent conduire. **c.** Je sais conduire. **d.** Nous savons conduire. **e.** Tu sais conduire. **f.** Vous savez conduire.

9.

Il voit les choses d'une autre manière. – De quelle manière les voit-il?

a. Il entend les choses d'une autre manière. **b.** Il regarde les choses d'une autre manière. **c.** Il explique les choses d'une autre manière. **d.** Il traite le pain d'une autre manière. **e.** Il s'excuse d'une autre manière.

10.

a. Die Franzosen essen vor allem Weißbrot. **b.** Heute werden die « baguettes » auch in Fabriken hergestellt. **c.** Man schickt sie nach Kanada, in die USA und nach Japan. **d.** Die meisten Franzosen kaufen ihr Brot beim Bäcker.

20 A La lettre d'une correspondante

Mayence, le 25 octobre 19...

Chère Nicole,

Je vous remercie infiniment de votre dernière lettre. Vous m'avez écrit que je pourrais partager votre chambre meublée. Cela m'aidera sans doute à trouver un emploi. Avec ma faible connaissance du français, le salaire ne sera naturellement pas grand-chose. Mais cela ne fait rien.

Une de mes amies m'a dit qu'elle avait passé une année entière en France grâce à l'Office Franco-Allemand pour la Jeunesse. D'abord elle avait participé à un cours de français pendant deux mois. L'Office en avait payé les frais. Et dans les deux ou trois premiers mois où elle gagnait moins de 750 F on lui a donné une bourse qui couvrait la différence. On m'a conseillé de m'adresser, moi aussi, à cette institution. Mon amie m'a dit que c'était possible pour tous les jeunes gens de 18 à 30 ans.

J'ai demandé à mon patron si vous ne pourriez pas avoir une place chez nous au bureau. Il m'a dit qu'il avait de plus en plus de rapports avec la France et qu'une secrétaire française lui serait très utile.
Donnez-moi bientôt de vos nouvelles.

Amicalement

Brigitte

Die abhängige Rede und die abhängige Frage

20 B

Hauptsatz	abhängiger Satz	
Il dit Il écrira	qu'il est malade. qu'il a travaillé hier. qu'il ne pouvait pas venir. qu'il avait payé avant de partir. qu'il viendra.	
Demande-lui Je lui demanderai	s'il est malade. où il a travaillé. pourquoi il ne pouvait pas venir. s'il avait payé avant de partir. quand il viendra.	
Il a dit Je savais Il avait écrit	qu'il était malade.	gleichzeitig
	qu'il avait travaillé hier. qu'il n'avait pas pu venir. qu'il avait payé avant de partir.	vorzeitig
	qu'il viendrait.	nachzeitig
Je lui ai demandé	s'il était malade. où il avait travaillé. pourquoi il n'avait pas pu venir. s'il avait payé avant de partir. quand il viendrait.	

Il dit ---- Il a dit qu'il	viendra. ------ viendrait.	Der Nebensatz weist in die Zukunft
	vient. ----- venait.	Haupt- und Nebensatz sind gleichzeitig
	a travaillé hier. -------------- avait travaillé la veille.	Der Nebensatz weist in die Vergangenheit

1.

Je viendrai. Qu'est-ce qu'il dit? – Il dit qu'il viendra.

a. Je sortirai. Qu'est-ce qu'il dit? **b.** Je descendrai. Qu'est-ce qu'il dit? **c.** Je partirai. Qu'est-ce qu'il dit? **d.** Je me dépêcherai. Qu'est-ce qu'il dit? **e.** Je réfléchirai. Qu'est-ce qu'il dit? **f.** Je m'excuserai. Qu'est-ce qu'il dit? **g.** J'en profiterai. Qu'est-ce qu'il dit? **h.** J'irai en vacances. Qu'est-ce qu'il dit?

2.

Il ne vient pas. – Mais il a dit qu'il viendrait.

a. Elle ne part pas. **b.** Elle ne nous invite pas. **c.** Il ne nous aide pas. **d.** Elle ne se dépêche pas. **e.** Elle n'écrit pas. **f.** Il ne descend pas. **g.** Il ne fait pas de ski. **h.** Elle n'attend pas.

3.

Je n'ai pas pris l'argent. – Mais les autres croiront que je l'ai pris.

a. Je n'ai pas volé la montre. **b.** Je n'ai pas écrit la lettre. **c.** Il n'a pas ramassé le portefeuille. **d.** Il n'a pas perdu la clé. **e.** Nous n'avons pas mangé le gâteau. **f.** Nous n'avons pas bu le vin. **g.** Tu n'as pas jeté la pierre. **h.** Tu n'as pas cassé la vitrine.

4.

Elle peut entrer? – Elle m'a demandé si elle pouvait entrer.

a. Elle peut téléphoner? **b.** Il peut sortir? **c.** Il doit rester? **d.** Elle doit attendre? **e.** Elle peut se promener? **f.** Il doit payer? **g.** Il peut se lever? **h.** Elle doit se dépêcher?

5.

Il n'a jamais été malade. – Mais j'ai toujours cru qu'il était malade.

a. Il n'a jamais eu d'argent. **b.** Elle n'a jamais été belle. **c.** Il ne m'a jamais aimée. **d.** Il n'a jamais été docteur. **e.** Il n'a jamais fait de ski. **f.** Il n'a jamais travaillé. **g.** Il n'a jamais été marié. **h.** Elle n'a jamais eu la grippe.

6.

Elle a été malade? – Oui, elle m'a dit qu'elle avait été malade.

a. Elle a été en France? **b.** Elle a gagné aux courses? **c.** Elle a vendu sa voiture? **d.** Elle a acheté une machine à laver? **e.** Elle a vu le docteur? **f.** Elle a payé le chauffeur? **g.** Elle a été chez le coiffeur?

7.

Je vous ai vu avec Suzanne. – C'est une de vos amies?

a. Je vous ai vu avec Robert. **b.** Je t'ai vu avec M. Lebrun. **c.** Je t'ai vu avec Juliette. **d.** Je l'ai vu avec Liliane. **e.** Je l'ai vu avec Jean. **f.** Je les ai vus avec mon patron.

8.

Vous allez voir ce docteur? – On m'a conseillé d'aller voir ce docteur.

a. Vous apprenez le français? **b.** Vous allez en vacances? **c.** Vous achetez un revolver? **d.** Vous allez à pied? **e.** Vous vous promenez? **f.** Vous buvez de l'eau minérale? **g.** Vous prenez des leçons? **h.** Vous mangez peu?

9.

Mainz, den 1. März 19 . . .

Liebe Nicole,
Ich danke Ihnen für Ihren letzten Brief. Ich wäre sehr froh, wenn ich Ihr möbliertes Zimmer teilen könnte. Ich werde versuchen, eine Arbeit in Paris zu finden, um etwas Geld zu verdienen.
Lassen Sie bitte bald wieder von sich hören.

Mit freundlichen Grüßen
Ihre Brigitte

21 A Ménagères: surveillez vos achats

Entre 30 et 60% de différence de prix pour un même produit dans un même quartier de Paris!
Consommateur-information, bien connu de tous les téléspectateurs, a fait une enquête pour connaître les prix de quelques produits sur plus de deux cents points de vente de Paris, dans les quartiers Saint-Paul, Hôtel-de-Ville, Opéra, Madeleine, Champs-Elysées, Grande-Armée, etc. Cette enquête avait pour but d'enregistrer les variations de prix d'un même produit. On nous rappelle que parmi les commerçants certains ne respectent pas les prix. En France il y a toujours trop de petits commerçants, ce qui n'est pas bon pour l'économie nationale.
Dans un même quartier on a pu trouver un chocolat en poudre affiché 4,50 F et 6,30 F le kilo. C'est 40% d'augmentation entre le prix le plus bas et le prix le plus élevé. Pour le même fromage on paie de 2,55 F à 3,35 F. On peut faire nettoyer sa jupe pour 4 F ou pour 5 F. C'est une paire de chaussures de tennis qui bat tous les records. Son prix varie de 58%.
Nous abrégeons la longue liste des différences de prix pour un même produit. Cette enquête prouve une fois de plus que le consommateur doit faire attention. Personne ne veut dépenser plus qu'il ne devrait.

1. Hervorhebung

a) Durch c'est . . . qui (vgl. Band 1, 18 B)

C'est une paire de chaussures	**qui** bat tous les records.
C'est le président	**qui** a parlé.
C'est lui (elle)	**qui** a écrit la lettre.
C'est eux (elles)	**qui** ont écrit la lettre.

Der *Satzgegenstand* wird mit *c'est . . . qui* hervorgehoben.

b) Durch c'est . . . que

C'est à midi	**que** Jean vient.
C'est des vacances	**que** je parle.
C'est mon argent	**que** Paul donne à Gisèle.
C'est avec Jean	**que** je sors.
C'est là	**que** je voudrais vivre.

Alle Satzteile (außer Satzgegenstand) können mit *c'est . . . que* hervorgehoben werden.

2. «Personne» und «rien» als Satzgegenstand und alleinstehend

Qu'est-ce qui se passe?	**Rien ne** se passe.
Qui connaît son adresse?	**Personne ne** la connaît.
Qui sait la vérité?	**Personne**.
A quoi pensez-vous?	**A rien**.

3. Entre, parmi

J'ai visité la ville entre deux trains.	zwischen zwei . . .
Vous pouvez choisir entre plusieurs livres.	unter mehreren . . .
C'est un exemple parmi cent autres.	unter hundert anderen . . .

Merke: La plupart **des** enfants.
Aber: La plupart **d'**entre eux.

entre autres = unter anderem

1.

Pourriez-vous me prêter un livre? – Cherchez parmi mes livres.

a. Pourriez-vous me prêter un sac? **b.** Pourriez-vous me prêter un chapeau? **c.** Pourriez-vous me prêter une cravate? **d.** Pourriez-vous me prêter une robe? **e.** Pourriez-vous me prêter une chemise? **f.** Pourriez-vous me prêter des chaussettes?

2.

Ils reçoivent une augmentation? –
La plupart d'entre eux n'en reçoivent pas.

a. Ils savent le français? **b.** Ils connaissent cette vedette? **c.** Elles prennent le métro? **d.** Elles regardent les prix? **e.** Ils en parlent? **f.** Elles en veulent?

3.

Qu'est-ce que tu as appris à l'école? Le français? –
Oui, le français entre autres.

a. Qu'est-ce que tu as acheté en ville? Une robe? **b.** Qu'est-ce que tu as bu? Un cognac? **c.** Qu'est-ce que tu as trouvé? Un revolver? **d.** Qu'est-ce que tu apportes? Des fruits? **e.** Qu'est-ce que tu as cherché dans ta chambre? Un livre? **f.** Qu'est-ce que tu lui as envoyé? De l'argent?

4.

Ils ne veulent pas être avec nous. – Ils veulent être entre eux.

a. Ils ne veulent pas rester avec nous. **b.** Elles ne veulent pas parler avec nous. **c.** Elles ne veulent pas être avec nous. **d.** Nous ne voulons pas vivre avec vous. **e.** Nous ne voulons pas rester avec vous. **f.** Ils ne veulent pas s'amuser avec nous.

5.

C'est mon frère. – Il n'y a pas de secrets entre nous.

a. C'est votre ami. **b.** Ce sont ses frères. **c.** Ce sont ses sœurs. **d.** Nous sommes des amis. **e.** Ils se connaissent bien. **f.** C'est mon ami.

6.

Qui a vu le voleur? – Personne ne l'a vu.

a. Qui connaît son nom? **b.** Qui sait son adresse? **c.** Qui trouve le chemin? **d.** Qui invite les Lebrun? **e.** Qui appelle le docteur? **f.** Qui promène le chien?

7.

Cette voiture est moderne. – Rien n'est plus moderne.

a. Cette machine à laver est pratique. **b.** Ces courses sont intéressantes. **c.** Ce train est confortable. **d.** Le français est difficile. **e.** Ces montagnes sont belles. **f.** Ce vin est bon.

8.

Qui a parlé? Le président? – Oui, c'est lui qui a parlé.

a. Qui a payé? Jean? **b.** Qui a gagné? Robert? **c.** Qui est arrivé? Les Dubois? **d.** Qui attend? Mme Lebrun? **e.** Qui a écrit? Papa? **f.** Qui a téléphoné? Gisèle? **g.** Qui a emprunté la voiture? Les Arnaud?

9.

De quoi parlez-vous? Des vacances? – Oui, c'est des vacances que je parle.

a. A quoi pensez-vous? Aux vacances? **b.** Avec qui sortez-vous? Avec Jean? **c.** A qui est-ce que vous téléphonez? A Gisèle? **d.** A qui est-ce que vous souriez? A Robert? **e.** D'où viennent-ils? De Paris? **f.** A qui parlez-vous? A papa?

10.

a. Der Verbraucher muß aufpassen, wenn er seine Einkäufe macht. **b.** Es bestehen große Preisunterschiede für ein und dasselbe Erzeugnis. **c.** Niemand will sein Geld zum Fenster hinauswerfen.

22 A O Niçois!

Depuis la Révolution la France est divisée en départements qui ont remplacé les anciennes provinces. Par conséquent, aucun département n'a une longue histoire. Les départements n'ont aucune tradition. Chaque province a son histoire. Chacune a la sienne. Le souvenir en est toujours vivant. La France, comme d'autres pays, connaît des mouvements régionalistes. Il y en a quelques-uns qui prennent des formes bizarres.

Voilà une affiche que quelqu'un a trouvée dans une cabine téléphonique à Nice et envoyée à France-Soir:

« Aidez le Front de Libération Niçois.

Plutôt que de libérer le Québec, rendons la liberté au comté de Nice, qui n'est français que depuis 107 ans.

Le Québec est canadien depuis Louis XV. La Bretagne est française depuis 1532. La Martinique est française depuis 1635. L'Algérie était française depuis 1830. Sous François Ier, sous Louis XV, en 1532, en 1830, Nice était indépendante et libre.

L'unité de l'Europe politique doit se faire dans l'union des provinces. La nôtre est le comté de Nice. Nous nous battrons pour retrouver nos frontières sur le Var et sur les Alpes.

Recopiez ce tract, faites-le circuler, écrivez Front de Libération Niçois sur votre voiture. »

O Niçois qui mal y pense!

1. Das unbestimmte Fürwort

Vous avez acheté **quelques** journaux? Vous voyez **quelque chose** (d'intéressant)? Vous avez rencontré **quelqu'un** (de sérieux)?	Je n'ai acheté **aucun** journal. Non, je ne vois **rien** (d'intéressant). Non, je n'ai rencontré **personne** (de sérieux).

Das Eigenschaftswort wird mit *de* angefügt.

Merke: Il est parti **sans rien** dire. ... ohne *etwas* zu sagen.
Il est parti **sans** parler **à personne**. ... ohne mit *jd* zu sprechen.

Avez-vous des journaux français? Oui, j'en ai **quelques-uns**. Avez-vous des amies françaises? Oui, j'en ai **quelques-unes**.	Ergänzung
Quelques-uns de mes amis parlent français. **Quelques-unes** de ces voitures sont très bon marché.	Satzgegenstand

Chaque province a son histoire.	
Je connais **chacun** d'eux. Je connais **chacune** d'elles.	Je n'aime **aucun** d'eux. Je n'aime **aucune** d'elles.

Prenez **l'autre** livre. Prenez **un autre** livre.	Prenez **les autres** livres. Prenez **d'autres** livres. *des > d'*
L'un après **l'autre**. Les uns travaillent, **les autres** ne font rien.	

2. battre

Je **bats**	tout le monde au tennis.	Tu **bats**	tous les records.
Nous nous **battons**	toujours.	Vous ne vous **battez**	pas.
Il ne se **bat**	jamais.	Les autres se **battent**	pour lui.
Je l'ai **battu**.			

3. Herrschernamen

François Ier **(premier)** (d. Erste), **aber:** Louis XIV **(quatorze)** (d. Vierzehnte)

1.

Voilà les dossiers des clients. – Chaque client a son dossier.

a. Voilà les bureaux des employés. **b.** Voilà les garages des directeurs. **c.** Voilà les clés des serveuses. **d.** Voilà les machines à écrire des secrétaires. **e.** Voilà les maisons des ouvriers. **f.** Voilà les chambres des enfants. **g.** Voilà les balcons des appartements.

2.

Est-ce que vous connaissez tous vos employés ? – Je connais chacun d'eux.

a. Est-ce que vous écrivez à tous vos clients ? **b.** Est-ce que vous répondez à toutes les lettres ? **c.** Est-ce que vous avez lu tous ces livres ? **d.** Est-ce que vous avez besoin de tous ces appareils ? **e.** Est-ce que vous avez inventé toutes ces machines ? **f.** Est-ce que tu as invité toutes les secrétaires ?

3.

Tu aimes ces robes ? – Je ne voudrais avoir aucune d'elles.

a. Tu aimes ces voitures ? **b.** Tu aimes ces chapeaux ? **c.** Tu aimes ces cravates ? **d.** Tu aimes ces pantalons ? **e.** Tu aimes ces jupes ? **f.** Tu aimes ces sacs ?

4.

Vos amis vous ont aidé ? – Aucun d'eux ne m'a aidé.

a. Vos enfants vous ont écrit ? **b.** Vos clients vous ont payé ? **c.** Vos fils vous ont emmené ? **d.** Vos voisins vous ont invité ? **e.** Vos tantes vous ont envoyé de l'argent ? **f.** Vos sœurs vous ont vu ?

5.

Est-ce que vous avez écrit les lettres ? – J'en ai écrit quelques-unes.

a. Est-ce que vous avez lu les livres ? **b.** Est-ce que vous avez pris les oranges ? **c.** Est-ce que vous avez trouvé les papiers ? **d.** Est-ce que vous avez vendu les vélomoteurs? **e.** Est-ce que vous avez mangé les gâteaux? **f.** Est-ce que vous avez emmené les enfants? **g.** Est-ce que vous avez pris les médicaments? **h.** Est-ce que vous avez apporté les photos?

6.

Jean n'a rien vu. – Il n'a vu personne.

a. Gisèle n'a rien entendu. **b.** Papa n'a rien trouvé. **c.** Robert n'a rien cherché. **d.** Le cannibale n'a rien mangé. **e.** Jean n'a rien payé. **f.** Tante Henriette n'a rien respecté.

7.

Il travaille beaucoup, c'est vrai. – Mais d'autres travaillent encore plus.

a. Il mange beaucoup, c'est vrai. **b.** Je bois beaucoup, c'est vrai. **c.** Elle se promène beaucoup, c'est vrai. **d.** Elle parle beaucoup, c'est vrai. **e.** Il sait beaucoup de choses, c'est vrai. **f.** Je dépense beaucoup, c'est vrai. **g.** Il lit beaucoup, c'est vrai. **h.** Je gagne beaucoup, c'est vrai.

8.

Elle a dit quelque chose? – Non, elle est sortie sans rien dire.

a. Elle a pris quelque chose? **b.** Elle a acheté quelque chose? **c.** Elle a emporté quelque chose? **d.** Elle a mangé quelque chose? **e.** Elle a bu quelque chose? **f.** Elle a fait quelque chose?

9.

Il est premier. – Il bat tous les records.

a. Elle est première. **b.** Ils sont premiers. **c.** Je suis premier. **d.** Nous sommes premiers. **e.** Tu es premier. **f.** Vous êtes premier.

10.

a. Die Departements sind an die Stelle der ehemaligen Provinzen getreten. **b.** Jede Provinz hat eine lange Geschichte. **c.** Die Departements haben keine Tradition. **d.** Jeder Franzose liebt seine Provinz.

23 A Ce qui est en vogue aujourd'hui sera démodé demain

Plus de douze mille entrées d'acheteurs professionnels venus du monde entier ont récemment été enregistrées au Salon international du vêtement féminin prêt-à-porter.

Il semble que les confectionneurs français travaillent surtout dans les tailles moyennes. Les Français sont des clients importants de l'Allemagne en vêtements. Les Allemands se lancent dans les grandes tailles où la production française est tout à fait insuffisante.

Les couturiers Courrèges, Saint-Laurent et Ungaro se partagent les tendances de la mode du vêtement « prêt-à-porter », qui se veut léger et sportif. La tunique domine; on la retrouve à tous les prix, portée sur une jupe ou sur un pantalon. Dans le même esprit on verra beaucoup de manteaux et des robes de ligne « chemisier ». Les jupes laissent toujours les genoux découverts. Et sous ces jupes courtes on porte des bas aux couleurs gaies. Il y en a même quelques-uns qui ne filent pas, même si vous y faites des trous. Un certain retour au romantisme apparaît dans les robes marquées à la taille, décolletées en rond et ornées de volants.

1. Mehrzahlbildungen (II)

le ba**s**	– les ba**s**	Haupt- und Eigenschaftswörter
un faux nom	– **des** fau**x** papiers	auf *-s*, *-x*, *-z* hängen kein *s* an.
le **jeu**	– les jeu**x**	
le cheveu	– les cheveu**x**	**aber:** des vêtements bleu**s**
le feu	– les feu**x**	
le gen**ou**	– les genou**x**	**aber:** In der Regel hängen Haupt-
le bijou	– les bijou**x**	und Eigenschaftswörter auf *-ou*
		s an: *les trous*
le journ**al**	– les journ**aux**	*al > aux*
un prix norm**al**	– des prix norm**aux**	(**aber:** des choses *égales*)
le trav**ail**	– les trav**aux**	*ail > aux*
le gât**eau**	– les gât**eaux**	
beau	– beau**x**	

Merke: l'œil – les yeux; l'œuf [lœf] – les œufs [lezø]

Zusammengesetzte Hauptwörter

la chambre **à** coucher	– les chambre**s** à coucher
la machine **à** laver	– les machine**s** à laver
le wagon-restaurant	– les wagon**s**-restaurant**s**
le grand-père	– les grand**s**-père**s**
la grand-mère	– les grand-mère**s**
le porte-monnaie	– les porte-monnaie
l'après-midi	– les après-midi(s)
monsieur	– **mes**sieurs (**mes**dames, **mes**demoiselles)

2. Eigenschaftswörter mit weiblichen Sonderformen (vgl. Band 1, 28 B)

sporti**f** – sporti**ve**	fau**x** – fau**sse**	chic – chic
gros – gro**sse**	lon**g** – lon**gue**	lég**er** – lég**ère**
genti**l** – genti**lle**	frais – fra**îche**	nature**l** – nature**lle**

1.

Voilà un trou. – Il y a des trous partout.

a. Voilà un cheveu. **b.** Voilà un journal. **c.** Voilà un bureau. **d.** Voilà un gâteau. **e.** Voilà un oiseau. **f.** Voilà un maxi-manteau.

2.

Ils sont venus de tous les pays. – Ils sont venus du monde entier.

a. Il connaît tôus les pays. **b.** Je me sens bien dans tous les pays. **c.** On peut vivre dans tous les pays. **d.** Il a vu tous les pays. **e.** On chante dans tous les pays.

3.

J'aime les vêtements élégants. – Je vais acheter une robe élégante.

a. J'aime les vêtements légers. **b.** J'aime les vêtements longs. **c.** J'aime les vêtements courts. **d.** J'aime les vêtements chics. **e.** J'aime les vêtements blancs. **f.** J'aime les vêtements modernes.

4.

Cette robe est décolletée. – Je n'aime pas les robes décolletées.

a. Cette robe est marquée à la taille. **b.** Ce chapeau est orné de fleurs. **c.** Ce manteau est fabriqué en Angleterre. **d.** Ces chaussures sont fabriquées en Suisse. **e.** Cette robe est décolletée en rond.

5.

Il est charmant. – Mais sa femme est encore plus charmante.

a. Il est sportif. **b.** Il est gentil. **c.** Il est grand. **d.** Il est heureux. **e.** Il est gai. **f.** Il est élégant.

6.

J'ai payé cent francs. – Je ne voulais pas payer plus de cent francs.

a. J'ai payé deux cents francs. **b.** J'ai payé cinq cents francs. **c.** J'ai payé mille francs. **d.** J'ai payé dix mille francs. **e.** J'ai payé mille cinq cents francs.

7.

Grand-père est gentil. – Tous les grands-pères sont gentils.

a. Grand-mère est aimable. **b.** Le wagon-lit est confortable. **c.** La chambre à coucher est au premier étage. **d.** Le wagon-restaurant est joli. **e.** Cette machine à laver est pratique. **f.** Ce porte-monnaie est en cuir.

8.

Juliette est contente? –
Je ne sais pas, mais elle semble être contente.

a. M. Jolivet est honnête? **b.** Les enfants sont heureux? **c.** Le jeune homme travaille vite? **d.** Le journal se vend bien? **e.** La maison est bon marché? **f.** Jean reste à la maison? **g.** Les jeunes filles s'ennuient?

9.

Les Dubois ont déjà acheté une voiture comme ça. –
Je ne peux pas acheter tout à fait la même voiture.

a. Mme Jolivet porte déjà un chapeau comme ça. **b.** Les Dubois ont déjà pris des skis comme ça. **c.** Les Lebrun ont déjà fait un voyage comme ça. **d.** Gisèle a déjà acheté une robe comme ça. **e.** Les Lebrun ont déjà envoyé un cadeau comme ça. **f.** Robert a déjà écrit un livre comme ça.

10.

a. Die französischen Konfektionsschneider arbeiten hauptsächlich für mittlere Größen. **b.** In den großen Größen ist die französische Produktion ganz und gar ungenügend. **c.** Die Franzosen sind wichtige Kunden Deutschlands was Kleidung anbetrifft, denn die Deutschen konzentrieren sich auf die Produktion der großen Größen.

24 A Les perles Mancini

Genève, Suisse, le 2 octobre 1969:

Les perles Mancini sont vendues aux enchères pour 84000 dollars. Les perles étaient autrefois à Maria Mancini. C'est le jeune roi Louis XIV qui les lui avait offertes. Il lui en avait fait cadeau en se séparant d'elle. La bien-aimée de Louis XIV était la nièce du cardinal Mazarin, mais le cardinal ne voulait pas la lui donner en mariage. C'était un grand sacrifice, mais il ne le leur demandait pas sans raison.

Mazarin: Le roi Louis XIV ne doit pas épouser Maria Mancini, la nièce du pauvre Mazarin.

Louis XIV: Mais vous ne savez donc pas combien je l'aime?

Mazarin: Si – mais ça, ça n'a pas d'importance.

Louis XIV: Et combien elle m'aime aussi?

Mazarin: Ce n'est pas important non plus. Le Roi doit épouser l'Infante Marie-Thérèse.

Louis XIV: Elle est loin d'être belle . . .

Mazarin: Ça n'a pas non plus d'importance.

Louis XIV: Qu'est-ce qui est important, alors?

Mazarin: La guerre – ou pas la guerre. Qu'est-ce que c'est une femme à côté de la paix! Qu'est-ce que c'est l'amour à côté de la France? – Et si le Roi savait que six mois jour pour jour après son mariage avec l'Infante d'Espagne le pauvre Cardinal rendra son âme à Dieu?

Louis XIV: J'accepterais le marché!

A quelque temps de là, Louis XIV épousait l'Infante – et Mazarin, ponctuel, rendait son âme à Dieu.

	4. Fall	3. Fall		4. F.	3. F.	
Il donne	le cadeau	à son ami.	Il	le	lui	donne.
Il montre	la voiture	au client.	Il	la	lui	montre.
Il donne	les perles	à Marie.	Il	les	lui	donne.
Je donne	le cadeau	à mes parents.	Je	le	leur	donne.
Je montre	la ville	aux enfants.	Je	la	leur	montre.
Je donne	les livres	à mes amis.	Je	les	leur	donne.
Il a offert	les perles	à Marie.	Il	les	lui	a offert**es**.
Il ne montre pas	la voiture	au client.	Il **ne**	la	lui	montre **pas**.
Il voulait prêter	la voiture	à ses amis.	Il voulait	la	leur	**prêter**.

Beide Fürwörter stehen *vor der Grundform.*

	4. Fall	3. Fall		3. F.		
Il prête	de l'argent	à André.	Il	lui	en	prête.
Il donne	des fleurs	à Juliette.	Il	lui	en	donne.
Il envoie	de l'argent	à ses enfants.	Il	leur	en	envoie.
Il montre	des voitures	aux Lebrun.	Il	leur	en	montre.

en steht immer **nach** *lui* und *leur*.

1.

Rends la montre à Jean. – Il faut la lui rendre.

a. Achète la robe à Juliette. **b.** Montre la ville à Robert. **c.** Prête la voiture à Juliette. **d.** Dis la vérité à Jean. **e.** Présente Gisèle à Jacques. **f.** Donne la lettre à papa.

2.

Quand est-ce que vous enverrez le chèque à M. Jolivet? – Je le lui ai déjà envoyé.

a. Quand est-ce que vous donnerez l'argent à votre fils? **b.** Quand est-ce que vous rendrez le livre à Gisèle? **c.** Quand est-ce que vous apporterez le dossier au patron? **d.** Quand est-ce que vous demanderez le prix à M. Lebrun? **e.** Quand est-ce que vous montrerez le musée à Jean? **f.** Quand est-ce que vous achèterez le vélomoteur à votre fils?

3.

Il m'a demandé de lui envoyer les livres. – Je vais les lui envoyer tout de suite.

a. Il m'a demandé de lui montrer les photos. **b.** Il m'a demandé de lui donner les adresses. **c.** Il m'a demandé de lui montrer les Champs-Elysées. **d.** Il m'a demandé de lui apporter les fruits. **e.** Il m'a demandé de lui rendre les livres.

4.

Les enfants m'ont demandé de leur prêter la voiture. – Pourquoi est-ce que tu ne la leur prêtes pas?

a. Les Dubois m'ont demandé de leur envoyer ce livre. **b.** Mes amis m'ont demandé de leur montrer la maison. **c.** Jean est Robert m'ont demandé de leur donner la clé. **d.** Les Lebrun m'ont demandé de leur apporter le panier. **e.** Les enfants m'ont demandé de leur acheter ce bateau. **f.** Liliane et Gisèle m'ont demandé de leur prêter la machine à écrire.

5.

Ils m'ont demandé de leur donner les adresses. – Mais je ne les leur donne pas.

a. Ils m'ont demandé de leur envoyer les bagages. **b.** Ils m'ont demandé de leur expliquer les leçons. **c.** Ils m'ont demandé de leur payer les frais. **d.** Ils m'ont demandé de leur montrer les photos. **e.** Ils m'ont demandé de leur prêter les livres. **f.** Ils m'ont demandé de leur présenter les Lebrun.

6.

Il faut lui offrir du cognac. – Vous lui en avez déjà offert?

a. Il faut lui donner des médicaments. **b.** Il faut lui payer un dîner. **c.** Il faut lui prêter de l'argent. **d.** Il faut lui faire un cadeau. **e.** Il faut lui envoyer des fleurs. **f.** Il faut lui demander de l'argent.

7.

Donnez-leur des cadeaux. – Je leur en donnerai s'il le faut.

a. Prêtez-leur de l'argent. **b.** Faites-leur du chocolat. **c.** Envoyez-leur des livres. **d.** Apportez-leur des provisions. **e.** Demandez-leur de l'aide.

8.

Ils ne m'ont jamais invité. – C'est pourquoi je ne les invite pas non plus.

a. Ils ne m'ont pas écrit. **b.** Ils ne m'ont pas aidé. **c.** Ils ne m'ont pas emmené. **d.** Ils ne m'ont pas cru. **e.** Ils ne m'ont pas informé. **f.** Ils ne m'ont pas appelé. **g.** Ils ne m'ont pas attendu.

9.

a. Maria Mancini, die Geliebte Ludwigs XIV., war die Nichte des Kardinals Mazarin. **b.** Ludwig XIV. durfte sie nicht heiraten. **c.** Der Kardinal wollte sie ihm nicht zur Ehe geben. **d.** Die Politik war wichtiger.

25 A Tyrannie de la propreté

Thérèse est une maniaque de l'ordre. Dans l'appartement, rien ne traîne. Je laisse un journal sur le lit. Je reviens: le journal est dans le casier à journaux du salon. Je fais tomber la cendre d'une cigarette dans un cendrier: mais ce n'est jamais le bon. Quant à la laisser tomber sur le tapis, c'est me faire traiter de sauvage et voir arriver dans la minute ce terrible aspirateur.

A la longue on s'y habitue. Il en existe au moins une autre comme elle. Un chansonnier m'en a parlé je ne sais plus où. Il a connu le même enfer que moi. Lui aussi avait une femme qui déplaçait l'aspirateur pour un peu de cendre. Quand il avait la moindre tache sur son veston elle la lui enlevait aussitôt. Elle arrivait avec la brosse et disait: « Tu ne vas pas t'en aller comme ça ..., si tu te mets le dos à la lumière je ne vois rien du tout, tourne-toi, tiens-toi droit. » Lui non plus ne pouvait jamais retrouver un journal là où il l'avait laissé. Le bouquet, il me l'a révélé: « Une nuit, vers 4 heures du matin, comme j'avais la migraine, je me lève pour prendre de l'aspirine dans la salle de bains. Je reviens: mon lit était fait! »

1. Zwei verbundene persönliche Fürwörter beim Zeitwort (II)

		3. F.	4. F.	
Il me vend le livre.	Il ne	me	le	prête pas.
Je te vends la voiture.	Je ne	te	la	prête pas.
Elle nous envoie les livres.	Elle ne	nous	les	apporte pas.
Il vous emprunte la machine.	Il ne	vous	la	rend pas.
Tu veux bien me donner de l'argent?	Tu	m'	en	donnes?
	Oui, je	t'	en	donne.
Vous nous parlez de la France?	Vous	nous	en	parlez?
Vous avez demandé de l'argent.	On	vous	en	a déjà donné?
Il s'est servi de ma voiture.	Il	s'	en	est servi souvent.
On s'habitue à la circulation.	On	s'	y	habitue vite.
Il y a du vin?	Il	y	en	a assez.

Merke: Je **parle à** Juliette. Je **lui parle** souvent.
Aber: Je **pense à** Juliette. Je **pense** souvent **à elle**.
Je **m'intéresse à** Juliette. Je **m'intéresse à elle**.

Befehlsform

Donnez-moi du lait.	**Donnez-m'en** un peu.	*moi > m'*
Ne me donne pas de lait.	Ne **m'en** donne pas.	

Ersatzformen: Tu m'en donnes? Tu vas m'en donner un peu?

2. s'en aller

Je **m'en vais**. Tu ne **t'en vas** pas? **Va-t'en.**
Nous **nous en allons**. Vous ne **vous en allez** pas? **Allez-vous-en.**
La tache ne **s'en va** pas. Avec ce produit toutes les taches **s'en vont**.

Le train est **parti**.

Ne **t'en va** pas. Ne **vous en allez** pas.
Vous n'allez pas vous en aller.
(höfliche Umschreibung des Befehls)

1.

Elle m'a parlé des vacances. – Elle m'en parle tout le temps.

a. Il s'est occupé de sa voiture. **b.** Elle s'est moquée de mon français. **c.** Elle m'a donné de ses nouvelles. **d.** Elle m'a parlé de ses affaires. **e.** Tu t'es moqué de mon français. **f.** Tu t'es occupé de ta voiture.

2.

Tu veux bien me prêter de l'argent? – Tu m'en prêtes?

a. Tu veux bien me donner du vin? **b.** Tu veux bien m'offrir du cognac? **c.** Tu veux bien m'envoyer des cartes? **d.** Tu veux bien me faire du thé? **e.** Tu veux bien me montrer des photos? **f.** Tu veux bien m'apporter des fruits?

3.

Tu n'as pas d'aspirateur? – Si, mais je ne te le prête pas.

a. Tu n'as pas de voiture? **b.** Tu n'as pas de montre? **c.** Tu n'as pas de machine à écrire? **d.** Tu n'as pas de skis? **e.** Tu n'as pas de livre de cuisine? **f.** Tu n'as pas de caméra? **g.** Tu n'as pas de revolver?

4.

Qui t'a donné l'argent? – C'est mon ami qui me l'a donné.

a. Qui t'a donné mon adresse? **b.** Qui t'a envoyé ces fleurs? **c.** Qui t'a expliqué ce problème? **d.** Qui t'a montré le chemin? **e.** Qui t'a acheté cette montre? **f.** Qui t'a fait ces cadeaux? **g.** Qui t'a réparé la voiture?

5.

Il va nous prêter la voiture. – Il nous l'a déjà prêtée une fois.

a. Il va nous montrer la ville. **b.** Il va nous payer le dîner. **c.** Il va nous faire la cuisine. **d.** Il va nous expliquer la leçon. **e.** Il va nous chanter la chanson. **f.** Il va nous porter les bagages.

6.

Le patron vous a donné l'argent? – Il vous l'a donné lui-même?

a. Le patron vous a donné ces papiers? **b.** La patronne vous a fait le dîner? **c.** Le patron vous a vendu le tapis? **d.** Le patron vous a offert cette augmentation? **e.** Le patron vous a dit ce secret? **f.** Le patron vous a échangé l'aspirateur?

7.

Parlez-moi de la France. – Parlez-m'en un peu.

a. Donnez-moi de la monnaie. **b.** Laissez-moi du cognac. **c.** Achetez-moi du chocolat. **d.** Apportez-moi du fromage. **e.** Faites-moi du café. **f.** Envoyez-moi de l'argent. **g.** Jouez-moi du Chopin.

8.

Jean n'est jamais pressé. – Il s'en va à temps.

a. Gisèle n'est jamais pressée. **b.** Ils ne sont jamais pressés. **c.** Je ne suis jamais pressé. **d.** Nous ne sommes jamais pressés. **e.** Tu n'es jamais pressé. **f.** Vous n'êtes jamais pressé(s).

9.

Tu ne dois pas t'en aller. – Ne t'en va pas. Tu dois t'en aller. – Va-t'en.

a. Vous ne devez pas vous en aller. **b.** Vous devez vous en aller. **c.** Nous ne devons pas nous en aller. **d.** Nous devons nous en aller. **e.** Gisèle, tu ne dois pas t'en aller. **f.** Gisèle, tu dois t'en aller.

10.

a. Du hast viele Flecken auf deiner Jacke. **b.** Du wirst (doch) nicht so weggehen. **c.** Ich hole eine Bürste. **d.** Mit einer Bürste gehen die Flecken nicht weg.

26 A Le culte des vedettes

Le facteur vient d'apporter des tas de lettres. Elles sont adressées à Melinda Mirel, une grande vedette, dont tout le monde rêve et à qui tous les jeunes gens demandent des autographes. Melinda lit quelques lettres négligemment. Le papier en est de la meilleure qualité et il sent bon. Mais la vedette les déchire et jette les morceaux par terre: « C'est tout à fait dégoûtant. J'ai beau changer de logement tous les deux mois, tout le monde sait où j'habite. » Tout à coup son regard se fixe sur une enveloppe bon marché dont elle tire une lettre tapée à la machine:

> Madame,
> J'ai vu tous vos films. J'admire en particulier vos belles dents.
> Auriez-vous la gentillesse de me donner l'adresse de votre dentiste, parce que moi aussi j'aimerais avoir un si beau dentier.
> Je vous prie d'agréer, Madame, l'expression de mes sentiments distingués.
> *Charles Leroy*

Melinda Mirel bout de colère. Elle cherche une feuille de papier et son stylo et le lendemain M. Leroy reçoit une lettre à l'encre verte:

> Monsieur,
> Si vous n'avez pas dans deux jours présenté vos excuses, vous aurez affaire à mon avocat.
> *Melinda Mirel*

Deux jours après elle reçoit par exprès une autre lettre de M. Leroy:

> Très chère Madame Mirel,
> C'est avec plaisir que j'ai reçu votre lettre. Bien sûr je suis tout à fait prêt à vous présenter mes excuses et de plus je vous remercie de tout cœur pour votre précieux autographe.
> Croyez, Madame, à l'expression de mes meilleurs sentiments.
> *Charles Leroy*

1. Das bezügliche Fürwort (II) (vgl. Band 1, 18 B)

a) dont (Grundbedeutung »wovon«)

Il **rêve d'**une vedette.	Voilà la vedette **dont** il rêve.
Il a **besoin de** livres.	Voilà les livres **dont** il a besoin.
Je **parle d'**un client.	Voilà le client **dont** je parle.

de + bezügliches Fürwort > dont. Es bezieht sich auf *Personen und Sachen.*

Merke: Voilà le monsieur dont Jeanne est la secrétaire.
besser: Jeanne est la secrétaire de ce monsieur.

b) Das bezügliche Fürwort nach anderen Verhältniswörtern (außer *de*)

Avec qui sortez-vous?	Voilà **la jeune fille avec qui** je sors.
A qui avez-vous parlé?	Voilà **la dame à qui** j'ai parlé.

Verhältniswort + qui bezieht sich in der Regel auf *Personen.*

A quoi répondez-vous?	Voilà **la lettre à laquelle** je réponds.
Avec quoi travaillez-vous?	Voilà **les livres avec lesquels** je travaille.

Verhältniswort + lequel bezieht sich in der Regel auf *Sachen.*
Aber: De quoi parlez-vous? Voilà la lettre **dont** je parle.

c) où

Viens me voir **au bureau où** je travaille.	(in dem, in welchem)
L'été est **la saison où** on va en vacances.	(in der, in welcher)

où bezieht sich auf eine *Orts-* oder *Zeitangabe.*

2. sentir quelque chose (riechen nach)

Ça sent **le rôti**.	Ça sent **bon**.	Eigenschaftswort statt Umstandswort vgl. 16 B
Ça sent **le poisson**.	Ça sent **mauvais**.	

3. bouillir

Je **bous** de colère.	Vous **bouillez** de colère.	
L'eau **bout**.	Elle a **bouilli**.	On **fait bouillir** le lait.

1.

Quelle femme! – C'est la femme dont je rêve.

a. Quelle voiture! **b.** Quelle maison! **c.** Quelle robe! **d.** Quel voyage! **e.** Quelle musique! **f.** Quel vin! **g.** Quel dîner! **h.** Quel patron!

2.

C'est un livre intéressant. – Est-ce que vous connaissez le livre dont je parle?

a. C'est une jolie ville. **b.** C'est une bonne boulangerie. **c.** C'est une grande vedette. **d.** C'est un film intéressant. **e.** C'est un bon restaurant.

3.

Dans quelle rue habite-t-elle? – Voilà la rue où elle habite.

a. Dans quelle usine travaille-t-il? **b.** Dans quel magasin as-tu acheté le manteau? **c.** Dans quel restaurant avez-vous mangé? **d.** Dans quel hôtel avez-vous pris une chambre? **e.** Dans quelle rue avez-vous garé la voiture? **f.** Dans quel dossier avez-vous trouvé l'adresse?

4.

A qui faut-il demander des renseignements? – Voilà le monsieur à qui il faut demander des renseignements.

a. A qui faut-il s'adresser? **b.** A qui faut-il parler? **c.** A qui faut-il se présenter? **d.** A qui faut-il donner la lettre? **e.** A qui faut-il expliquer l'appareil? **f.** A qui faut-il payer les provisions?

5.

Ça sent le rôti. – Ça sent bon. Ça sent le métro. – Ça sent mauvais.

a. Ça sent les fleurs. **b.** Ça sent la voiture. **c.** Ça sent le parfum. **d.** Ça sent le poisson. **e.** Ça sent le gâteau. **f.** Ça sent le chien.

6.

> Il n'est plus dans ce logement. – Il a changé de logement.

a. Il n'est plus dans ce train. **b.** Il n'est plus dans ce pays. **c.** Il n'est plus dans cet hôtel. **d.** Il n'est plus dans ce café. **e.** Il n'est plus dans ce club. **f.** Il n'est plus à cette école.

7.

> Je vous remercie de m'avoir aidé. –
> Je vous en prie. Je vous ai aidé avec plaisir.

a. Je vous remercie de m'avoir écouté. **b.** Je vous remercie de m'avoir donné ce renseignement. **c.** Je vous remercie de m'avoir emmené. **d.** Je vous remercie de m'avoir présenté. **e.** Je vous remercie de m'avoir invité. **f.** Je vous remercie de m'avoir attendu.

8.

> Il y a deux ans qu'il est venu me voir. –
> Il vient me voir tous les deux ans.

a. Il y a quinze jours qu'il m'a écrit. **b.** Il y a trois mois qu'elle m'a invité. **c.** Il y a deux mois qu'il m'a payé. **d.** Il y a trois jours qu'il est sorti. **e.** Il y a six mois qu'il est allé en vacances.

9.

> Je ne peux pas changer les roues. –
> Je vous prie de me changer les roues.

a. Je ne peux pas trouver de chambre. **b.** Je ne peux pas réparer la voiture. **c.** Je ne sais pas faire de gâteau. **d.** Je ne sais pas faire l'exercice. **e.** Je ne peux pas porter les bagages.

10.

Sehr geehrte gnädige Frau,
Mit (großer) Freude habe ich Ihren Brief erhalten. Ich danke Ihnen herzlich für Ihr wertvolles Autogramm. Sie würden mich sehr glücklich machen, wenn Sie mir auch noch Ihr Foto schicken würden. Hochachtungsvoll Ihr...

Test 3

1.

Est-ce que Jean est en France? – Son père m'a dit qu'il était en France.

a. Est-ce que Gisèle a acheté une voiture?
b. Est-ce que Jean suit des cours de français?
c. Est-ce que Gisèle connaît mon patron?
d. Est-ce que Juliette a reçu un cadeau?
e. Est-ce que Robert ira en France?
f. Est-ce que Jean bat tous les records?
g. Est-ce que Robert vit en Amérique?
h. Est-ce que Gisèle a des problèmes?

2.

Est-ce que vous avez lu chaque lettre? – Non, je n'ai lu aucune lettre.

a. Est-ce que vous avez vu quelqu'un?
b. Est-ce que quelqu'un vous a aidé?
c. Est-ce que vous avez fait quelque chose?
d. Est-ce que vous avez rencontré quelques-uns de vos amis?
e. Est-ce que vous avez lu chaque journal?
f. Est-ce que vous êtes encore malade?
g. Est-ce que vous avez acheté quelques-unes des machines?

3.

Ma femme est Française. – Mais je ne connais pas la France.

a. Ma femme est Anglaise.
b. Ma femme est Espagnole.
c. Ma femme est Italienne.
d. Ma femme est Japonaise.
e. Ma femme est Russe.
f. Ma femme est Américaine.
g. Ma femme est Autrichienne.
h. Ma femme est Belge.
i. Ma femme est Suisse.

4. Dites le contraire:

Il ne sort jamais. – Mais sa femme sort toujours.

a. Il lit peu.
b. Il ne connaît personne.
c. Il ne dit rien.
d. Il dépense peu d'argent.
e. Il ne travaille plus.
f. Il se lève tôt.
g. Il ne connaît aucune fleur.
h. Il ne connaît aucun voisin.
i. Il conduit toujours.
k. Il ne s'est amusé nulle part.

5.

Il voulait du cognac. – Mais on ne lui en a pas donné.

a. Je voulais une glace.
b. Elle voulait du lait.
c. Il voulait avoir la voiture.
d. Les enfants voulaient du chocolat.
e. Nous voulions des fruits.
f. Elle voulait avoir *le Figaro*.
g. Je voulais avoir les photos.
h. Vous vouliez avoir la maison.
i. Les enfants voulaient avoir la voiture.
k. Il voulait avoir la montre.

6. Donnez des ordres aux enfants:

a. Dites-leur de s'asseoir.
b. Dites-leur de se dépêcher.
c. Dites-leur de s'en aller.
d. Ils veulent manger du gâteau. Dites-leur de ne pas en manger.
e. Ils ne veulent pas vous laisser de chocolat. Dites-leur de vous en laisser un peu.

f. Ils veulent donner du chocolat au chien. Dites-leur de ne pas lui en donner.

7. M. Laurent, un bijoutier, téléphone à la police. Des montres en or ont disparu dans la vitrine de son magasin.
Dans cette conversation il faut trouver les questions que pose l'inspecteur.

M. Laurent: Allô, le commissariat de police?
L'inspecteur: ....
M. Laurent: Laurent, Jacques Laurent, 370, rue de Rivoli.
L'inspecteur: ....
M. Laurent: Non, c'est l'adresse de mon magasin.
L'inspecteur: ....
M. Laurent: Une bijouterie.
L'inspecteur: ....
M. Laurent: Ce sont des montres qui ont disparu.
L'inspecteur: ....
M. Laurent: Une douzaine, à peu près.
L'inspecteur: ....
M. Laurent: En or.
L'inspecteur: ....
M. Laurent: Dans la vitrine.
L'inspecteur: ....
M. Laurent: Je viens de le remarquer.
L'inspecteur: ....
M. Laurent: Non, je n'ai pas d'employés.
L'inspecteur: ....
M. Laurent: Moi, je suis toujours resté dans le magasin. Je ne l'ai quitté que pour quelques minutes.
L'inspecteur: ....
M. Laurent: Je suis allé acheter des cigarettes.
L'inspecteur: ....
M. Laurent: Non, je n'ai rien changé de place.
L'inspecteur: Très bien, je viens vous voir tout de suite.

8.

Vous ne savez pas notre adresse? – Si, je la sais.

a. Vous ne nous aidez pas?
b. Vous ne suivez pas le voleur?
c. Vous ne m'achetez pas de voiture?
d. Vous ne m'emmenez pas?
e. Vous n'y pensez pas?
f. Vous ne me donnez pas de fleurs?
g. Vous ne me montrez pas les photos?
h. Vous n'avez pas invité les Lebrun?

9. Ecrivez une lettre à l'hôtel Bellerive à Beaulieu, France:
Vous voulez passer quelques semaines à Beaulieu. Demandez une chambre d'hôtel pour vous et votre femme (mari).

a. La date
b. Formule de politesse (Anrede)
c. Date d'arrivée
d. Vous voulez rester du ... au ...
e. Demandez une chambre à deux lits avec salle de bains ou douche
f. Prix
g. Terminez par une formule de politesse (Schlußformel)

10. Thème

a. Melinda Mirel, der große Star, kocht vor Wut.
b. Jemand hat ihr einen Brief geschrieben und sie um die Adresse ihres Zahnarztes gebeten.
c. Er bewundert sie nicht.
d. Er macht sich über sie lustig.
e. Am nächsten Tag erhält er einen mit grüner Tinte geschriebenen Brief.

WÖRTERVERZEICHNIS

m = masculin/männlich; *f* = féminin/weiblich; *pl* = pluriel/Mehrzahl
qn = quelqu'un; qc = quelque chose

LEKTION 1

Voilà bien les hommes	So sind die Männer
parfois	gelegentlich, manchmal
s'amuser à faire qc	seinen Spaß haben an
l'histoire *f*	Geschichte
autrefois	früher
déjeuner	zu Mittag essen
l'herbe *f*	Gras
déjeuner sur l'herbe	im Freien zu Mittag essen, ein Picknick machen
la rivière	(kleinerer) Fluß, Nebenfluß
si c'était possible	wenn es möglich war, nach Möglichkeit
la petite route	Nebenstraße, kleine Landstraße
Là seulement mon mari me laissait prendre le volant.	Nur dort ließ mich mein Mann ans Steuer.
Il s'asseyait derrière.	Er setzte sich nach hinten.
s'asseoir	sich (hin)setzen
. . . pour ne pas voir ce que je faisais.	. . . um nicht mitansehen zu müssen, was ich machte.
régulier, régulière	regelmäßig
régulièrement	regelmäßig
s'endormir	einschlafen
Mais régulièrement il finissait par s'endormir.	Aber regelmäßig schlief er schließlich ein.
un jour	eines Tages
la côte	(Ab)Hang, Hügel
en haut d'une côte	auf einer Kuppe
tout à coup	plötzlich
en travers de	quer über
énorme	riesig
le camion	Lastwagen
brûler	brennen, verbrennen
la roue	Rad
l'air *m*	Luft
en l'air	in der (die) Luft
éteindre	(aus)löschen, ausmachen
le feu	Feuer
freiner	bremsen
la mort	Tod

J'ai freiné à mort.	Ich habe wie wahnsinnig gebremst.
quelques	einige
A quelques centimètres du poids lourd	Wenige Zentimeter vor dem Lastwagen
le poids	Gewicht
lourd, e	schwer
se réveiller	aufwachen
Il jette un coup d'œil sur ...	Er wirft einen kurzen Blick auf ...
crier	schreien, rufen
Mais enfin, ma chérie.	Aber um Himmels willen, Schatz!
terrible	schrecklich, furchtbar, entsetzlich
Comment as-tu pu faire une chose pareille?	Wie hast du nur das wieder fertiggebracht?
la lampe	Lampe
le professeur	Studienrat, Professor

LEKTION 2

La pipe à papa	Papas Pfeife
la pipe	Pfeife
Je la reconnais.	Ich erkenne sie (wieder).
offrir	schenken; anbieten
Je l'ai offerte à mon mari.	Ich habe sie meinem Mann geschenkt.
la fête	Fest, Feier
la Fête des Pères	Vatertag
Ces lunettes aussi sont à lui.	Auch diese Brille gehört ihm.
signaler	melden
la disparition	Verschwinden
la vitre	Fensterscheibe
le laveur de vitres	Fensterputzer
hier soir	gestern abend
la fin	Ende
mettre fin à ses jours	seinem Leben ein Ende setzen
tuer	töten
se tuer	Selbstmord begehen
la même nuit	in derselben Nacht
noter	notieren
le policier	Polizist
le cambriolage	Einbruch
le lieu	Ort
avoir lieu	stattfinden, vorkommen, sich ereignen
la cave	Keller
goûter	kosten, probieren
tant	so viel(e), so sehr

Il avait goûté à tant et tant de vins . . .	Er hatte so viele verschiedene Weine probiert . . .
boire	trinken
la liqueur	Likör
Il avait bu tant d'alcools et de liqueurs que . . .	Er hatte so viel Schnaps und Likör getrunken, daß . . .
la veille	der (am) Vorabend, am Tag vor . . .
la paie	Lohn
les courses *fpl*	(Pferde)Rennen
oser	wagen
Je n'ai pas osé rentrer chez moi.	Ich habe mich nicht nach Hause getraut.
passer devant	vorbeikommen an
les établissements *mpl* X	die Firma X
quand	als
l'idée *f*	Idee, Einfall, Gedanke
le coup	Schlag
boire un coup	einen heben
le tribunal	Gericht
infliger	auferlegen, verhängen
la prison	Gefängnis
la radio	Radio

LEKTION 3

Comment devenir centenaire	Wie man hundert Jahre alt wird
devenir	werden
(le) centenaire	Hundertjähriger, hundertjährig
le speaker [spikɛːr]	Sprecher, Ansager
l'émission *f*	Sendung
rendre visite à qn	jn besuchen, aufsuchen
fêter	feiern
l'anniversaire *m*	Geburtstag
le micro	Mikrofon
gêner	stören
coquet, coquette	hübsch
vivre	leben
Vous vivez seule?	Sie leben allein?
s'occuper de qn	sich um jn kümmern
Y a-t-il quelqu'un qui s'occupe de vous?	Kümmert sich irgend jemand um Sie?
ne . . . personne	niemand
Vous avez cent ans.	Sie sind hundert Jahre alt.

Qu'avez-vous fait pour garder une telle santé?	Was haben Sie getan, um so gesund zu bleiben?
rien de spécial	nichts Besonderes
quelquefois	manchmal, gelegentlich
le docteur	Arzt
la natation	Schwimmen
Je n'ai fait ni natation ni ski.	Ich bin weder geschwommen noch Ski gelaufen.
Je ne fais plus de promenades.	Ich gehe nicht mehr spazieren.
révéler	enthüllen, verraten
Pourquoi justement celui-ci?	Warum ausgerechnet diesen?
la marque	(Firmen)Marke
l'offre *f*	Angebot
Parce que c'est cette marque-là qui m'a fait la meilleure offre.	Weil mir diese Marke das beste Angebot gemacht hat.

LEKTION 4

L'horoscope de Monsieur Lebrun	Das Horoskop des Herrn Lebrun
l'horoscope *m*	Horoskop
l'autre jour	neulich
assez	ziemlich
favorable	günstig
le poisson	Fisch
né, e	geboren
Vous ne ferez rien d'extraordinaire.	Sie werden nichts Außergewöhnliches unternehmen.
rien de vraiment inattendu	nichts wirklich Unerwartetes
le projet	Plan
Vous aurez de la chance.	Sie werden Glück haben.
le hasard	Zufall
aider	helfen
agir	handeln
la diplomatie [diplomasi]	Diplomatie
Vous saurez agir avec diplomatie.	Sie werden es verstehen, diplomatisch vorzugehen.
grâce à	dank
le charme	Charme
obtenir	erhalten, erreichen
Grâce à votre charme vous obtiendrez beaucoup.	Durch Ihren Charme werden Sie viel erreichen.
l'entreprise *f*	Unternehmung, Vorhaben
audacieux, se	kühn, gewagt
l'humeur *f*	Laune

davantage	mehr
Vous n'en demanderez pas davantage.	Sie werden nicht nach mehr verlangen, Sie werden vollauf zufrieden sein.
rencontrer	treffen
tomber en panne	kaputt gehen, eine Panne haben
oublier	vergessen
échanger	(aus)tauschen
le portefeuille	Brieftasche
disparaître	verschwinden
J'ai remarqué qu'il avait disparu.	Ich habe bemerkt, daß sie verschwunden war.
l'avenir *m*	Zukunft
à l'avenir	in Zukunft
compter	rechnen, zählen
Je compterai moins sur mon horoscope.	Ich werde mich weniger auf mein Horoskop verlassen.
la façon	Art und Weise
de toute façon	auf jeden Fall, jedenfalls

LEKTION 5

Les dangers du jeu	Die Gefahren des Spiels
le jeu	Spiel
jouer aux courses	beim Rennen spielen
le million	Million
le gendre	Schwiegersohn
construire	bauen
Ils veulent se faire construire une maison.	Sie wollen sich ein Haus bauen lassen.
le frère	Bruder
la belle-sœur	Schwägerin
le neveu, les neveux	Neffe
la nièce	Nichte
emprunter qc à qn	etwas von jm leihen
autant que possible	so viel wie (nur) möglich
Ils voudraient lui emprunter autant d'argent que possible.	Sie möchten so viel Geld wie (nur) möglich von ihm leihen.
prêter qc à qn	jm etwas leihen
l'épicerie *f*	Lebensmittelgeschäft
S'il nous prête . . . nous achèterons . . .	Wenn er uns . . . leiht, werden wir kaufen . . .
quant à	was betrifft

les petits-enfants *mpl*	Enkel(kinder)
souhaiter	wünschen
le vélomoteur	Moped
le grand-père	Großvater
le millionnaire	Millionär
l'école *f*	Schule
le cœur	Herz
fragile	zerbrechlich, empfindlich
Il a le cœur fragile.	Sein Herz ist angegriffen.
brusquement	unvermutet, plötzlich, unvorbereitet
préparer	vorbereiten
tomber mort	sterben, vom Schlag getroffen werden
décider	beschließen, entscheiden
le médecin	Arzt
doux, douce	sanft, behutsam, vorsichtig
doucement	vorsichtig
Le docteur s'y prend le plus doucement possible.	Der Arzt nimmt sich der Sache so behutsam wie möglich an.
toujours	immer noch
Que feriez-vous si vous gagniez ...?	Was täten Sie, wenn Sie gewinnen würden ...?
disons ...	sagen wir mal ...
installer	einbauen, einrichten
faire installer	einbauen lassen
le chauffage central	Zentralheizung
réparer	reparieren
plaisanter	Spaß machen, scherzen
le collège	*etwa:* Realschule, weiterführende Schule
parfait, e	vollkommen; herrlich, wunderbar
Pourriez-vous me dire ...?	Könnten Sie mir sagen ...?
drôle	lustig, komisch
Quelle drôle d'idée!	Was für eine verrückte Idee!
là-dessus	hierüber, darüber
Je ne plaisante pas là-dessus.	Das ist mein Ernst.
la moitié	Hälfte
la connaissance	Bewußtsein, Besinnung
perdre connaissance	in Ohnmacht fallen, die Besinnung verlieren
par hasard	zufällig
la belle-mère	Schwiegermutter
la grand-mère	Großmutter
le monde	Welt
le tour du monde	Weltreise
l'invité *m*	Gast

LEKTION 6

Vérité et mensonge	Wahrheit und Lüge
la vérité	Wahrheit
le mensonge	Lüge
se confesser	beichten
sombre	düster, dunkel
il fait sombre	es ist düster
profiter de qc	sich etwas zunutzemachen
le moment	Augenblick
voler	stehlen
la montre	(Taschen)Uhr
l'or *m*	Gold
en or	golden, aus Gold
le curé	Pfarrer
peser	lasten; wiegen
Qu'est-ce qui vous pèse sur le cœur?	Was hast du auf dem Herzen?
mon père	mein Vater
Je suis en train de voler.	Ich stehle gerade.
tout à fait	ganz und gar, vollkommen
exact, e [ɛgzakt]	richtig
Ce n'est pas tout à fait exact.	Das ist nicht so ganz richtig, das stimmt nicht ganz.
plutôt	eher, vielmehr, besser
Je viens de voler une montre.	Ich habe gerade eine Uhr gestohlen.
Je vais vous donner la montre.	Ich werde Ihnen die Uhr geben.
Est-ce que c'est bien vrai?	Ist das auch wirklich wahr?
pur, e	rein, lauter
S'il en est ainsi ...	Wenn das so ist ...
Je vous donne l'absolution *f*.	Ich erteile dir die Absolution.

LEKTION 7

Quand les journalistes vendent les journaux	Wenn Journalisten Zeitungen verkaufen
le kiosque	Kiosk
le vendeur	Verkäufer
suivre qn (qc)	(be)folgen
l'ordre *m*	Ordnung; Befehl
la grève	Streik
le syndicat	Gewerkschaft
l'équipe *f*	Mannschaft
s'attendre à qc	sich auf etwas gefaßt machen

A quoi doit-on s'attendre ...?	Auf was muß man gefaßt sein ...?
l'impression *f*	Eindruck
se retrouver	sich befinden
le carrefour	Kreuzung
Le Figaro	*Eine der größten frz. Tageszeitungen, konservativ*
la circulation	Verkehr
la monnaie	Kleingeld, Wechselgeld
Est-ce que vous avez de la monnaie?	Können Sie herausgeben, wechseln?
représenter	darstellen
Cela ne fait rien.	Das macht nichts.
le pourboire	Trinkgeld
forcé	erzwungen, aufgezwungen
en somme	schließlich, alles in allem
l'ouvrier *m*	Arbeiter
casser	zerbrechen
la figure	Gesicht
casser la figure	die Nase einschlagen, „eins in die Fresse geben"
s'informer	sich erkundigen
continuer	weitermachen, fortfahren
Lequel avez-vous?	Welche haben Sie?
l'Humanité	*Tageszeitung, Organ der kommunistischen Partei*
l'âge *m*	Alter
Les messieurs d'un certain âge cherchent à commencer une conversation.	Die Herren in einem gewissen Alter suchen eine Unterhaltung zu beginnen, ein Gespräch anzuknüpfen.
la conversation	Gespräch, Unterhaltung
Quoi de neuf?	Was gibt's Neues?
Qu'est-ce qui se passe dans le monde?	Was passiert in der Welt?
d'autres	andere
au moins	zumindest
la pièce	(Geld)Stück
le tas	Haufen
diminuer	kleiner werden, abnehmen
Pourquoi a-t-elle les mains noires?	Warum hat sie so schwarze Hände?
mener à	führen zu
se servir de qc	sich einer Sache bedienen
s'agir de	sich handeln um

Modestie exagérée	Übertriebene Bescheidenheit
la modestie	Bescheidenheit
exagérer	übertreiben
l'imprésario *m*	Manager
l'idole *f*	Idol
la chanson	Lied, Chanson
chanter	singen
le protégé, la protégée	Schützling
le cadeau	Geschenk
quelque chose d'extraordinaire	etwas Außergewöhnliches, etwas ganz Besonderes
Elle peut choisir tout ce qu'elle voudra.	Sie kann wählen was sie will.
Il va la trouver.	Er sucht sie auf.
Je n'y tiens pas.	Daraus mache ich mir nichts.
Des voitures, j'en ai déjà quatre.	Autos habe ich schon vier.
nager	schwimmen
Je ne sais pas nager.	Ich kann nicht schwimmen.
le cheval, les chevaux	Pferd
le cheval de course	Rennpferd
la bête	Tier
sentir	riechen
Je ne peux pas les sentir.	Ich kann sie nicht riechen.
le sac	Handtasche; Beutel
un sac en crocodile	Kroko(dil-Leder)tasche
impossible	unmöglich
J'ai déjà trop de sacs.	Ich habe schon zu viele Handtaschen.
plaire	gefallen
Peut-être qu'un livre te plairait?	Vielleicht würde dir ein Buch Spaß machen?
J'en ai déjà un.	Ich habe schon eins.
Tu m'en as donné un l'année dernière.	Du hast mir letztes Jahr eins geschenkt.
Auprès de ma Blonde	Neben meiner blonden Schönen
le jardin	Garten
d'mon = de mon	
Les lilas sont fleuris.	Der Flieder steht in Blüte.
l'oiseau *m*, les oiseaux	Vogel
le nid	Nest
qu'il fait bon	wie schön es da ist
la chanson populaire	Volkslied
le monument	(Bau)Denkmal, Sehenswürdigkeit

Le médecin de campagne	Der Landarzt
il fait froid	es ist kalt
il neige	es schneit
le chien	Hund
Il fait un temps de chien.	Es ist ein Sauwetter, Hundewetter.
le trou	Loch
Dans un trou perdu à 15 km de la ville	In einem gottverlassenen Nest, 15 km von der Stadt entfernt
malade	krank
habiter	wohnen
habiter la ville	in der Stadt wohnen
se mettre en route	sich auf den Weg machen
la neige	Schnee
partout	überall
Il n'est pas facile de rouler en voiture.	Es ist nicht leicht, mit dem Auto zu fahren.
la pelle	Schaufel
Après avoir fait sa visite ...	Nachdem er seinen Besuch gemacht hat, nach seinem Besuch ...
le médicament	Medikament
de nouveau	wieder, von neuem
le chemin	Weg
le retour	Rückkehr
le chemin du retour	Rückfahrt, Rückweg
un homme d'environ 40 ans	ein Mann von ungefähr 40 Jahren
le pas	Schritt
marcher à pas lourds	stapfen, mit schweren Schritten gehen
le bord	Rand
l'auto *f*	Auto
Cela se voit.	Das sieht man.
bloquer	blockieren
au bout de quelques km	nach einigen km
épais, épaisse	dick, dicht
avant	vor, bevor
Avant de rentrer à la maison ...	Bevor er nach Hause fährt ...
le passager	Passagier
déposer	absetzen
clair, e	hell
il pleut, il a plu	es regnet, es hat geregnet
il fait jour	es ist Tag
Il nous manque 5 F.	Uns fehlen 5 F.
au-dessus	über, oberhalb

au-dessous	unter, unterhalb
en face	gegenüber
le milieu	Mitte
au milieu	in der Mitte, mitten
demain	morgen

LEKTION 11

Une lettre de demande d'emploi	Ein Bewerbungsbrief
la demande	Anfrage
l'emploi *m*	Stellung, Beschäftigung
le département	Abteilung
la fibre textile	Textilfaser
rechercher	suchen
le correspondancier, la correspondancière	Korrespondent(in)
la fonction	Aufgabe
la correspondance	Korrespondenz, Briefwechsel
la pratique	Praxis, praktische Erfahrung, Übung
commercial, e	Handels ...
nécessaire	notwendig, erforderlich
le personnel	Personal
la direction du personnel	Personalabteilung
la candidature	Bewerbung
examiner	prüfen
Aix-la-Chapelle	Aachen
Messieurs, ...	Sehr geehrte Herren, ...
l'honneur *m*	Ehre
j'ai l'honneur	ich beehre mich, ich erlaube mir
paraître	(er)scheinen
votre annonce du 2 décembre parue dans ...	Ihre Anzeige vom 2. Dezember in ...
moi-même	(ich) selbst
l'effet *m*	Wirkung
En effet, France-Soir ne se lit pas tellement en Allemagne.	France-Soir wird nämlich in Deutschland nicht sehr viel gelesen.
la nationalité	Staatsangehörigkeit
l'importation *f*	Einfuhr, Import
la maison d'importation	Importfirma
charger	beladen, belasten; beauftragen
être chargé de	beauftragt sein mit
Je suis chargé de la correspondance commerciale.	Ich betreue die Handelskorrespondenz.
l'étude *f*	Lernen, Studieren, Studium

faire ses études	studieren
lire	lesen
J'ai lu beaucoup de livres français.	Ich habe viele französische Bücher gelesen.
cependant	jedoch
Il me manque la pratique du français parlé.	Mir fehlt die Übung im gesprochenen Französisch.
la possibilité	Möglichkeit
recevoir	empfangen
être reçu	empfangen werden
le cours	Lauf, Verlauf
au cours de	während, bei, im Laufe von
la réponse	Antwort
le sentiment	Gefühl
dévoué	ergeben
Dans l'attente d'une réponse favorable, recevez, Messieurs, l'expression de mes sentiments dévoués	In Erwartung einer zustimmenden Antwort verbleibe ich Hochachtungsvoll
la serviette	Aktentasche; Serviette, Handtuch
la leçon	Lektion

LEKTION 12

Un problème difficile	Ein schwieriges Problem
la sœur	Schwester
le lac	See
le soleil	Sonne
disparaître	verschwinden
le nuage	Wolke
s'inquiéter	sich beunruhigen, sich Sorgen machen
malheureusement	unglücklicherweise, leider
le parapluie	Regenschirm
le cuir	Leder
le manteau en cuir	Ledermantel
la veste	Jacke
l'orage *m*	Gewitter, Unwetter
courir	laufen
évidemment	offensichtlich, natürlich
accompagner	begleiten
Il ne sait pas lequel des deux il doit accompagner.	Er weiß nicht, wen von den beiden er begleiten soll.
de l'un à l'autre	von einem zum anderen
Robert marche à 7 km à l'heure.	Robert legt 7 km in der Stunde zurück.
la distance	Entfernung

parcourir	zurücklegen, durchlaufen
la vitesse	Geschwindigkeit
par conséquent	also, folglich
le reste	Rest
compliquer	komplizieren, verwirren
Les Jeux Olympiques	die Olympischen Spiele

LEKTION 13

Trop poli pour être honnête	Zu höflich, um ehrlich sein zu können
l'inspecteur	Inspektor
à quelle heure?	wann?, um wieviel Uhr?
en chemin	unterwegs
Je ne me suis arrêtée nulle part.	Ich habe mich nirgends aufgehalten.
Comment est-ce que vous vous y êtes prise alors?	Wie haben Sie sich also verhalten?
Personne ne vous a parlé?	Niemand hat Sie angesprochen?
pousser	stoßen, schubsen
tomber par terre	zu Boden, auf den Boden fallen
se pencher	sich bücken
ramasser	aufheben, einsammeln
se douter de qc	etwas vermuten
Et vous ne vous êtes doutée de rien?	Und Sie haben keinen Verdacht geschöpft?
remettre	aushändigen, zurückgeben
Il fallait vraiment regarder la serviette de près.	Man mußte die Mappe wirklich genau ansehen.
se rendre compte	bemerken
remplacer	ersetzen

LEKTION 14

Une excuse étonnante	Eine sonderbare Entschuldigung
l'excuse *f*	Entschuldigung
étonnant, e	erstaunlich, sonderbar
à peine	kaum
l'institutrice *f*	Volksschullehrerin
fatigué, e	müde, ermüdet
juste en face	genau gegenüber
la tête	Kopf
rappeler qc à qn	jn an etwas erinnern
Sa tête lui rappelle quelque chose.	Sein Gesicht kommt ihr irgendwie bekannt vor.

quelque part	irgendwo
probable	wahrscheinlich
probablement	wahrscheinlich
l'élève *m + f*	Schüler(in)
sourire	lächeln, zulächeln
Elle lui sourit de confiance.	Sie lächelt ihm vertrauensvoll zu.
rire	lachen
Le monsieur reste de glace.	Der Herr verzieht keine Miene.
se contenter de qc	sich mit etwas zufrieden geben, sich begnügen
à la fin	schließlich
l'erreur *f*	Irrtum
imaginer	sich vorstellen, sich denken
L'idée la fait rougir.	Der Gedanke läßt sie erröten.
se moquer	sich lustig machen, auslachen
terriblement gênée	schrecklich verlegen
se décider à	sich entschließen
expliquer	erklären
Laissez-moi vous expliquer.	Lassen Sie mich es Ihnen erklären.
croire	glauben
prendre qn pour	jn für etwas halten

LEKTION 15

De mon temps	Zu meiner Zeit
bizarre	seltsam, eigenartig, sonderbar
de temps à autre	hin und wieder, ab und zu
... des amis qui ont moins	... Freunde, die weniger haben
... des amis qui ont plus	... Freunde, die mehr haben
Et plus je donne plus ils en trouvent d'autres qui ont davantage.	Und je mehr ich ihnen gebe, desto mehr andere treffen sie, die noch mehr haben.
absolu, e	absolut, unbedingt
absolument	unbedingt
Albatros	*Bootsname*
sensas = *umgangssprachlich für* sensationnel, le	sensationell
le rêve	Traum
réaliser	verwirklichen, wahr werden
On ne demanderait plus rien si notre plus beau rêve était réalisé.	Wir würden um nichts mehr bitten, wenn unser schönster Traum Wirklichkeit würde.
On serait aussi heureux que les autres.	Wir wären ebenso glücklich wie die anderen.

Comme si je pouvais mettre un million dans un bateau.	Als wenn ich eine Million in ein Boot stecken könnte.
Et puis quoi!	Und überhaupt!
au bout de huit jours	nach acht Tagen
le modèle super *(umgangssprachlich)*	Supermodell
défendre	verteidigen; verbieten
bon marché	billig, preiswert
pourtant	dennoch
raisonnable	vernünftig
les parents *mpl*	Eltern; Verwandte
l'autorité *f*	Autorität
la vie	Leben
tissu *m*	Stoff, Gewebe
solide	fest, solid
stable	stabil
la marchandise	Ware
le pays	Land
sain, e	gesund
le doute	Zweifel
sans doute	zweifellos
cesser	aufhören
jurer	schwören, beschwören
précédent, e	vorhergehend
... que le temps précédent était bien meilleur.	... daß die früheren Zeiten sehr viel besser waren.
élégant, e	elegant

LEKTION 16

Le Mistral	Der Mistral
le mistral	*Heftiger trockener und kalter Wind im Rhonetal, nach dem der Zug benannt wurde.*
le chemin de fer	Eisenbahn
La Société Nationale des Chemins de Fer français = SNCF	Französische Staatseisenbahnen
le vent	Wind
célèbre	berühmt
relier	verbinden
Nice	Nizza
parmi	unter, zwischen
européen, ne	europäisch
Il compte parmi les trains les plus parfaits.	Er zählt zu den perfektesten Zügen.

moyen, ne	mittlerer, -e, -es, Durchschnitts...
On va plus confortablement que jamais.	Man fährt bequemer als je zuvor.
la brume	Dunst
la Méditerranée	Mittelmeer
le confort	Komfort, Bequemlichkeit
Elles offrent autant de confort qu'un hôtel.	Sie bieten ebenso viel Komfort wie ein Hotel.
entier, entière	ganz
entièrement	ganz, vollständig
vitré	verglast
la restauration	Restauration, Bewirtung
large	weit, breit
largement	beträchtlich, umfangreich
améliorer	verbessern
le wagon-restaurant, les wagons-restaurants	Speisewagen
fonctionner	arbeiten, funktionieren
parfaitement	vollkommen, reibungslos
la voiture-bar	Barwagen, Imbißwagen
le plat froid	kaltes Gericht
la voiture-salon	Salonwagen
permettre	erlauben, gestatten
On y est servi le mieux possible du monde.	Man wird so gut wie nur irgend möglich bedient.
ajouter	hinzufügen
s'ajouter	dazukommen
le salon de coiffure	Frisiersalon
le coiffeur	Friseur
une sorte de	eine Art (von)
le service de secrétariat	Schreibabteil
l'électrification *f*	Elektrifizierung
complet, complète	vollständig, komplett
Vintimille	Ventimiglia
couvrir	bedecken; zurücklegen
cette même distance	dieselbe Entfernung, eben diese Entfernung
évident, e	offensichtlich
acheter bon marché	billig einkaufen
vendre cher	teuer verkaufen
aimer bien faire qc	etwas gern tun
aimer mieux faire qc	etwas lieber tun
l'étiquette *f*	Etikett

LEKTION 17

L'homme seul c'est l'ennemi	Der Einzelgänger ist ihr Feind
l'ennemi *m*, l'ennemie *f*	Feind(in)
sans réserver de chambre	ohne ein Zimmer reservieren zu lassen
J'ai monté et descendu les rues.	Ich bin alle Straßen abgelaufen.
J'ai couru par toute la ville.	Ich bin durch die ganze Stadt gelaufen.
dans plusieurs hôtels	in mehreren Hotels
chaque fois	jedesmal
Désolé, Monsieur ...	Bedaure, Leider ...
Nous sommes au complet.	Wir sind voll besetzt.
j'ai appris	ich habe erfahren, gehört
le couple	Ehepaar
présenter	vorstellen
se présenter	sich vorstellen, vorstellig werden
Ils ont trouvé à se loger.	Sie sind untergekommen, haben noch eine Unterkunft gefunden.
basque	baskisch
l'expérience *f*	Erfahrung; Versuch
Ils ont fait exactement la même expérience.	Sie haben genau dieselbe Erfahrung gemacht.
la mésaventure	Mißgeschick
classique	klassisch
responsable	verantwortlich
régional, e	regional, für die Gegend zuständig
le tourisme	Fremdenverkehr
l'hôtelier *m*	Hotelier, Gastwirt
le déjeuner	Mittagessen
le petit déjeuner	Frühstück
un seul petit déjeuner	ein einziges Frühstück
le contraire	Gegenteil

LEKTION 19

Le goût du pain	Der Geschmack des Brotes
le goût	Geschmack
l'avion *m* long-courrier	Langstreckenflugzeug
livrer	liefern
des milliers de	Tausende von
la baguette	*langes, schmales Weißbrot, eigentlich „Stab"*
la ménagère	Hausfrau
hésiter	zögern

Bien des ménagères n'hésitent pas à payer douze ou quinze fois leur prix normal.	Sehr viele Hausfrauen zögern nicht, dafür das Zwölf- oder Fünfzehnfache des normalen Preises zu zahlen.
des jeunes gens	junge Leute
le Japon	Japan
le Canada	Kanada
le cours	Kurs
suivre des cours	Kurse mitmachen
le boulanger	Bäcker
sûr, sûre	sicher
gastronomique	gastronomisch
l'industrialisation *f*	Industrialisierung
la technique [tɛknik]	Technik
la boulangerie	Bäckerei; das Backen
conserver	bewahren
se conserver	sich halten
produire	herstellen, erzeugen
l'usine *f*	Fabrik, Werk
traiter	behandeln
la manière	Art und Weise
Le pain produit en usine est traité de telle manière que ...	Das in Fabriken hergestellte Brot wird so behandelt, daß ...
le consommateur	Verbraucher
en vain	vergeblich
la croûte	Kruste
craquer	krachen
la dent	Zahn
la plupart des Français	die meisten Franzosen
le toast	Toast
la cellophane	Cellophan
parvenir	gelangen, erreichen
la boulangerie de quartier	die kleine Bäckerei „an der Ecke"
la pâte	Teig
des pâtes *fpl*	Teigwaren
tous les matins	jeden Morgen
le sommeil	Schlaf
blanchir	bleichen, weiß(er) werden
la sortie	Ausgang, Hinausgehen
le four	Backofen
Quelques heures après sa sortie du four	Nur wenige Stunden nachdem das Brot aus dem Ofen gekommen ist
dur, e	hart
fade	fad, geschmacklos
le morceau	Stück

la douzaine	Dutzend
une centaine	ungefähr hundert
l'Afrique *f*	Afrika
l'Asie *f*	Asien
l'Autriche *f*	Österreich
l'Espagne *f*	Spanien
la Norvège	Norwegen
le Portugal	Portugal
la Russie	Rußland
la Suisse	die Schweiz
africain, e	afrikanisch
asiatique	asiatisch
autrichien, ne	österreichisch
canadien, ne	kanadisch
espagnol, e	spanisch
japonais, e	japanisch
norvégien, ne	norwegisch
portugais, e	portugiesisch
russe	russisch
suisse	schweizer, schweizerisch
conduire	lenken, führen, autofahren

LEKTION 20

La lettre d'une correspondante	Brief einer Brieffreundin
la correspondante	Briefbekanntschaft, Brieffreundin
Mayence	Mainz
infiniment	vielmals, unendlich
partager	teilen
la chambre meublée	möbliertes Zimmer
faible	schwach; spärlich
le salaire	Lohn, Gehalt
Le salaire ne sera pas grand-chose.	Die Bezahlung wird nicht besonders hoch sein, nicht übermäßig sein.
L'Office Franco-Allemand pour la Jeunesse	Deutsch-Französisches Jugendwerk
participer	teilnehmen
les frais *mpl*	Kosten
Les mois où elle gagnait moins de 750 F	Die Monate, in denen sie weniger als 750 F verdiente
la bourse	Stipendium, Studienbeihilfe
la différence	Unterschied
conseiller	raten

moi aussi	ich auch
l'institution *f*	Einrichtung
le rapport	Beziehung
utile	nützlich
la nouvelle	Neuigkeit, Nachricht
Donnez-moi de vos nouvelles.	Lassen Sie wieder von sich hören.
amicalement	mit besten Grüßen Ihre

LEKTION 21

Ménagères: surveillez vos achats	Hausfrauen: beim Einkaufen heißt es aufpassen
l'achat *m*	Kauf, Einkauf
entre	zwischen
% = pour cent	Prozent
la différence de prix	Preisunterschied
le produit	Erzeugnis
... pour un même produit dans un même quartier de Paris.	... für ein und dasselbe Erzeugnis in ein und demselben Viertel von Paris.
l'information *f*	Information
Consommateur-information	*etwa:* Mitteilungen für den Verbraucher
le téléspectateur	Fernsehzuschauer
bien connue de tous les téléspectateurs	allen Fernsehzuschauern ein Begriff
l'enquête *f*	Untersuchung
le point	Punkt
la vente	Verkauf
l'hôtel de ville	*allg.:* Rathaus
le but [byt]	Ziel
avoir pour but	den Zweck haben
enregistrer	aufnehmen, festhalten, registrieren
la variation	Veränderung
les variations de prix	Preisschwankungen
le commerçant	Kaufmann
respecter	einhalten, beachten
On nous rappelle que parmi les commerçants certains ne respectent pas les prix.	Man macht uns darauf aufmerksam, daß manche Kaufleute die Preise nicht einhalten.
l'économie *f*	Wirtschaft
national, e	national
l'économie nationale	Volkswirtschaft
la poudre	Mehl, Puder, Staub
afficher	anschlagen, Preis angeben, auszeichnen

l'augmentation *f*	Erhöhung, Aufschlag, Steigerung; Gehaltserhöhung
bas, basse	niedrig
élevé, e	hoch
nettoyer	reinigen
la jupe	Damenrock
la paire	Paar
le tennis	Tennis
le record	Rekord
... qui bat tous les records	... das alle Rekorde schlägt
varier de	schwanken um
abréger	abkürzen
long, longue	lang
prouver	beweisen
une fois de plus	einmal mehr, wieder einmal
faire attention	aufpassen
Personne ne veut dépenser plus qu'il ne devrait.	Niemand will mehr ausgeben als nötig.
le président	Präsident

LEKTION 22

O Niçois!	Oh, Niçois!
le Niçois, la Niçoise	Einwohner(in) von Nizza
la Révolution	Französische Revolution
le département	Departement
la province	Provinz
ancien, ne	ehemalig, alt
l'histoire *f*	Geschichte
Aucun département n'a une longue histoire.	Kein Departement hat eine lange Geschichte.
la tradition	Tradition
Les départements n'ont aucune tradition.	Die Departements haben keinerlei Tradition.
Chaque province a son histoire.	Jede Provinz hat ihre Geschichte.
Chacune a la sienne.	Jede hat ihre (eigene Geschichte).
le souvenir	Erinnerung
vivant, e	lebendig
... comme d'autres pays	... wie andere Länder auch
le mouvement	Bewegung
régionaliste	regionalistisch
la forme	Form

Il y en a quelques-uns qui prennent des formes bizarres.	Einige von ihnen nehmen seltsame Formen an.
l'affiche *f*	Aushang, Anschlag, Plakat
la cabine téléphonique	Telefonzelle
Une affiche que quelqu'un a trouvée	Ein Anschlag, den (irgend) jemand gefunden hat
la libération	Befreiung
le Front de Libération Niçois	Die Befreiungsfront Nizza
libérer	befreien
Plutôt que de libérer le Québec, ...	Bevor man Quebec befreit, sollte man lieber ...
la liberté	Freiheit
le comté	*etwa:* Grafschaft
la Bretagne	Bretagne
la Martinique	die Insel Martinique
l'Algérie *f*	Algerien
François Ier	Franz I.
indépendant, e	unabhängig
l'unité *f*	Einheit
politique	politisch
l'Europe *f*	Europa
l'union *f*	Zusammenschluß, Union
la nôtre	die unsere
retrouver	wiederfinden, wiedererlangen
la frontière	Grenze
le Var	(der Fluß) Var; *entspringt in den Seealpen und fließt ins Mittelmeer*
les Alpes *fpl*	Alpen
recopier	abschreiben
le tract	Flugblatt, Aufruf
faire circuler	in Umlauf setzen
O Niçois qui mal y pense	In Anlehnung an das Motto des Hosenbandordens: «Honni soit qui mal y pense» = Ein Schuft, der Schlechtes dabei denkt.
le balcon	Balkon
le cannibale	Kannibale

LEKTION 23

Ce qui est en vogue aujourd'hui sera démodé demain	Was heute Mode ist, ist morgen schon wieder veraltet
démodé	veraltet, altmodisch

plus de douze mille entrées	mehr als zwölftausend Besucher
l'acheteur *m*	Einkäufer
professionnel, le	berufsmäßig
le monde entier	die ganze Welt
récemment	kürzlich
le Salon	Ausstellung, Messe
féminin, e	weiblich
prêt, e à	fertig, bereit zu
des vêtements féminins prêt-à-porter	Damenfertigkleidung
il semble	es scheint
le confectionneur	Konfektionsschneider
important, e	wichtig, bedeutend
lancer	werfen
se lancer	intensiv betreiben
la production	Produktion, Herstellung
insuffisant, e	ungenügend
le couturier	Couturier, Modeschöpfer
la tendance	Neigung, Strömung
la mode	Mode
léger, légère	leicht
sportif, sportive	sportlich
. . . qui se veut léger et sportif.	. . . die leicht und sportlich sein will.
la tunique	Tunika
dominer	vorherrschen, beherrschen
l'esprit *m*	Geist, Sinn, Verstand
le chemisier	Hemdbluse
le genou, les genoux	Knie
découvert, e	unbedeckt
court, e	kurz
le bas, les bas	Damenstrumpf
gai, e	fröhlich, lustig
des bas aux couleurs gaies	Strümpfe in leuchtenden Farben
des bas qui ne filent pas	Strümpfe, die keine Laufmaschen bekommen
le romantisme	Romantik
marquer	bezeichnen
des robes marquées à la taille	Kleider mit betonter Taille
décolleté, e	dekolletiert, ausgeschnitten
rond, e	rund
orner	schmücken
le volant	Rüsche
le bijou, les bijoux	Edelstein, Schmuckstück
la chambre à coucher	Schlafzimmer
naturel, le	natürlich

LEKTION 24

Les perles Mancini	Die Mancini-Perlen
la perle	Perle
Genève	Genf
vendre aux enchères	versteigern
le dollar [dɔlar]	Dollar
séparer	trennen
. . . en se séparant d'elle	... als er sich von ihr trennte
la bien-aimée	Auserwählte
le cardinal	Kardinal
donner en mariage	zur Frau, zur Ehe geben
le sacrifice	Opfer
la raison	Grund
Il ne le leur demandait pas sans raison.	Er hatte seine Gründe, dieses Opfer von ihnen zu verlangen.
épouser	heiraten
pauvre	arm
si	doch
l'importance *f*	Bedeutung, Wichtigkeit
Si, mais ça n'a pas d'importance.	Doch, aber das ist unwichtig.
l'Infante *f*	Infantin
loin de	weit entfernt von
Elle est loin d'être belle.	Sie ist alles andere als schön.
la guerre	Krieg
le côté	Seite
à côté de	neben
la paix	Frieden
l'amour *m*	Liebe
jour pour jour	auf den Tag genau
l'âme *m*	Seele
rendre son âme à Dieu	sterben, seine Seele aushauchen
accepter	annehmen
le marché	Markt, Handel
à quelque temps de là	einige Zeit später
ponctuel, le	pünktlich
la politique	Politik

LEKTION 25

Tyrannie de la propreté	Reinlichkeitsfimmel
la tyrannie	Tyrannei
la propreté	Sauberkeit
le, la maniaque	Bessessene(r)

la maniaque de l'ordre	Putzteufel
traîner	ziehen, herumliegen
le casier	Behälter
le casier à journaux	Zeitungsständer
le salon	Wohnzimmer
la cendre	Asche
le cendrier	Aschenbecher
ce n'est jamais le bon	nie ist es der richtige
le tapis	Teppich
sauvage	wild
l'aspirateur *m*	Staubsauger
Quant à la laisser tomber sur le tapis, c'est me faire traiter de sauvage et voir arriver dans la minute ce terrible aspirateur.	Und wenn ich sie gar auf den Teppich fallen lasse, dann werde ich gleich wie ein Wilder aus dem Busch behandelt, und unverzüglich tritt dieser fürchterliche Staubsauger in Aktion.
s'habituer à qc	sich an etwas gewöhnen
exister	existieren, vorhanden sein, geben
Il en existe au moins une autre comme elle.	Wenigstens eine andere gibt es, die so ist wie sie.
le chansonnier	Chansonnier, Sänger
Il m'en a parlé.	Er hat mir von ihr erzählt.
l'enfer *m*	Hölle
déplacer	in Bewegung setzen
la tache	Fleck
Quand il avait la moindre tache sur son veston ...	Wenn er auch nur den kleinsten Fleck auf seinem Jackett hatte ...
enlever	wegmachen, wegnehmen
aussitôt	sofort, unverzüglich
la brosse	Bürste
s'en aller	weggehen
Tu ne vas pas t'en aller comme ça.	So gehst du mir nicht aus dem Haus.
le dos	Rücken
la lumière	Licht
droit, e	aufrecht, gerade; recht
tiens-toi droit	halt dich gerade
Lui non plus ne pouvait jamais retrouver un journal.	Auch er konnte nie eine Zeitung wiederfinden.
le bouquet	Blumenstrauß; Glanzleistung, Krönung
l'aspirine *f*	Aspirin, *allg.* Kopfschmerztablette

Le culte des vedettes	Starkult
le culte	Kult, Verehrung
le facteur	Briefträger
tout le monde	jedermann, alle
rêver	träumen
l'autographe *m*	Autogramm
négligent, e	nachlässig, flüchtig
négligemment	nachlässig, flüchtig
la qualité	Qualität, Eigenschaft
sentir bon	gut riechen
sentir mauvais	schlecht riechen
déchirer	zerreißen
jeter par terre	auf den Boden werfen
dégoûtant, e	widerlich, ekelhaft
changer de qc	wechseln
le logement	Wohnung
J'ai beau changer de logement tous les deux mois.	Es hilft mir gar nichts, wenn ich aller zwei Monate umziehe.
le regard	Blick
fixer	festmachen, befestigen
l'enveloppe *f*	Briefumschlag
tirer	ziehen, herausnehmen
taper à la machine	mit der Maschine schreiben
Son regard se fixe sur une enveloppe dont elle tire une lettre tapée à la machine.	Ihr Blick bleibt auf einem Umschlag haften, dem sie einen maschinegeschriebenen Brief entnimmt.
Madame, ...	Sehr geehrte gnädige Frau, ...
admirer	bewundern
en particulier	ganz besonders
la gentillesse	Freundlichkeit, Liebenswürdigkeit
le dentiste	Zahnarzt
le dentier	Gebiß
prier	bitten
l'expression *f*	Ausdruck
Je vous prie d'agréer, Madame, l'expression de mes sentiments distingués.	Mit (dem Ausdruck) vorzüglicher Hochachtung, Hochachtungsvoll
Je vous en prie	keine Ursache, bitte sehr
bouillir	kochen
la colère	Wut
la feuille	Blatt
le stylo	Füller

l'encre *f*	Tinte
vert, e	grün
Monsieur, ...	Sehr geehrter Herr Leroy, ...
dans deux jours	binnen, innerhalb zwei Tagen
avoir affaire à	zu tun bekommen mit
l'avocat *m*	Rechtsanwalt
par exprès	mit Eilboten
bien sûr	natürlich, sicherlich
de tout cœur	von ganzem Herzen
précieux, se	wertvoll
Croyez, Madame, à l'expression de mes meilleurs sentiments.	Hochachtungsvoll

WORTSCHATZREGISTER

Die Zahlen verweisen auf die Lektionen, in denen das betreffende Wort zum ersten Mal in einer bestimmten Bedeutung vorkommt. Fettgedruckte Zahlen geben an, daß das Wort in dem betreffenden Abschnitt systematisch behandelt wird.

GRAMMATIKREGISTER

Die Zahlen verweisen auf die B-Teile der angegebenen Lektionen.

LA FRANCE EN IMAGES

Maintenant nous allons montrer quelques aspects de la France d'hier et d'aujourd'hui.

Voici d'abord Paris et son symbole, la tour Eiffel (1) qui offre, environ à 300 mètres de hauteur, une belle vue sur la ville. De l'église Notre-Dame (2 + 8) on a également une vue magnifique sur la capitale. Cette merveilleuse église gothique se trouve au centre du vieux Paris, sur l'île de la Cité. L'avenue de l'Opéra (3) est une rue commerçante très élégante. A l'arrière-plan l'Opéra, nouvellement rénové. Les rois de France ont eu leur résidence aux Tuileries (4) jusque sous Louis XIV, qui s'est installé à Versailles. En 1871, les Tuileries ont brûlé en partie; peu de temps après on les a démolies. C'est maintenant un parc qui va du Louvre jusqu'à la place de la Concorde. La Maison de la Radio (5) est un modèle d'architecture moderne. L'île de la Cité et l'île Saint-Louis (6) sont de très vieux quartiers de Paris. On dit très justement de la place de la Concorde (7) qu'elle est une des plus belles places du monde. L'avenue des Champs-Elysées (9) va de la Concorde à l'Arc de Triomphe.

Le Concorde (10), avion supersonique (Überschallflugzeug), est le symbole d'une France moderne, techniquement très développée. A côté de gares anciennes comme la gare de Lyon (11) on trouve à Paris des stations de métro très modernes (12).

Souvent moins connus que la capitale, les paysages de France sont charmants et divers. Dans les Alpes françaises il y a beaucoup de stations de sport d'hiver comme Alpe d'Huez (13) dans le département de l'Isère. La côte de la Manche a un tout autre caractère. Etretat (14) est une station balnéaire (Badeort) qui voit beaucoup de visiteurs. Le Mont-Saint-Michel (15), la «Merveille de l'Occident», est une petite île au Nord de la France où se trouve une abbaye bénédictine que beaucoup de gens viennent visiter également.

La France est riche en monuments historiques comme par exemple l'aqueduc romain du Gard (16). Le Gard est un affluent (Nebenfluß) du Rhône. Sur le Rhône se trouve Avignon dont le pont, détruit depuis longtemps, est connu à cause de la chanson populaire „Sur le pont d'Avignon“ (18). Au cœur de la France, dans la vallée de la Loire, il y a beaucoup de châteaux magnifiques qui datent de la Renaissance. L'un des plus beaux est le château de Chambord (17).

L'usine marémotrice (Gezeitenkraftwerk) de la Rance (19), une rivière qui se jette dans la Manche, est une grande réalisation technique qui utilise l'énergie des marées.

1
Paris:
La tour
Eiffel

2
Paris:
Vue de
Notre-Dame

3 Paris: L'Avenue de l'Opéra

4 Paris: Les Tuileries

5
Paris:
La Maison
de la
Radio

6
Paris:
L'Île de la
Cité
et l'Île
Saint-Louis

7
Paris:
La Place de la Concorde

8
Paris:
Notre-Dame; au premier plan des bouquinistes

9
Paris:
Les Champs-Elysées

10
Le Concorde

11
Paris: Gare de Lyon

12
Paris: Station
de métro moderne

13 Alpe d'Huez (Isère)

14 Etretat (Seine-Maritime)

15 Le Mont-Saint-Michel

16 Le Pont du Gard

17
Le Château de Chambord
(Loir-et-Cher)

18
Le Pont d'Avignon
(Vaucluse)

19
La Rance,
usine marémotrice –
vue aérienne